首都经济形势分析报告

主动应对超预期冲击的北京经济2021

张 杰 著

中国人民大学出版社
·北京·

目 录

北京宏观经济形势分析与预测

专题报告

北京宏观经济形势
分析与预测

2021 年第 1 季度报告
——全面进入高质量投资周期的北京经济

一、北京 2021 年第 1 季度宏观经济形势分析与 2021 年展望

第一，对首都北京 2021 年第 1 季度宏观经济形势的总体判断是，北京经济在经历 2020 年第 3 季度的 V 形反弹阶段后，在 2020 年第 4 季度呈现出强劲的恢复态势，在 2021 年第 1 季度呈现出明确进入正常发展轨道的基本态势。

从首都北京 2021 年第 1 季度的宏观经济实际数据来看，第 1 季度实现 GDP 规模 8 915.9 亿元，按可比价格计算，同比增长 17.1%，比 2019 年同期增长 9.3%，两年平均增长 4.6%。分产业看：第一产业实现增加值 13.2 亿元，同比增长 4.9%，两年平均下降 10.2%；第二产业实现增加值 1 225.3 亿元，同比增长 35.4%，两年平均增长 5.7%；第三产业实现增加值 7 677.4 亿元，同比增长 14.6%，两年平均增长 4.5%。

由此可观察出的基本事实是：一方面，不容置疑的是，第二产业部门已经成为首都北京经济在经历全球新冠肺炎疫情冲击下全面复苏的核心力量；另一方面，2021 年第 1 季度，第二产业部门增加值与第三产业增加值的比值约为 15.96%，这就意味着第三产业部门在首都北京 GDP 中的占比相对过高，高端制造业部门在首都北京 GDP 中的占比相对过低的问题，会在"十四五"期间始终成为拖累或制约北京 GDP 增速的重要因素。

与全国宏观经济数据相比，经初步核算，2021 年全国第 1 季度 GDP 规模为 249 310 亿元，按可比价格计算，同比增长 18.3%，比 2020 年第 4 季度环比增长 0.6%；比 2019 年第 1 季度增长 10.3%，两年平均增长 5.0%。其中，从不同产业角度来看，第一产业同比增长 8.1%，两年平均增长 2.3%；第二产业同比增长 24.4%，两年平均增长 6.0%；第三产业增加值同比增长 15.6%，两年平均增长 4.7%。相比而言，首都北京 2021 年第 1 季度的 GDP 同比增速要低于全国 1.2 个百分点，两年平均增速低于全国 0.4 个百分点。其中，第二产业部门 2021 年第 1 季度的同比增速要高于全国 11.0 个百分点，两年平均增速低于全国 0.3 个百分点。

与全国主要省份对比来看，首都北京 2021 年第 1 季度 GDP 的两年平均增速（4.60%）低于江苏（6.40%）、低于浙江（6.20%）、低于山东（5.40%）、低于广东（5.20%），也低于上海（4.70%）。由此可见，一方面，首都北京在 2021 年第 1 季度的 GDP 增速处于全国的中等态势，与上海基本处于同一个增速层次，二者之间的经济发展竞争态势日益明显；另一方面，更为重要的现象是，相比位于中国南方区域的各省份，北方区域板块中的各省份 GDP 增速均处于相对弱势地位，南北板块经济分化现象愈加凸显。这就对如何有效发挥首都北京在京津冀区域乃至北方板块经济高质量发展中的领头作用提出了更高要求。事实上，应该高度关注、谋求和强化京津冀区域板块经济发展能力的重大价值。京津冀的经济发展能力，不仅仅关乎京津冀自身经济的高质量发展问题，更是影响中国北方板块经济高质量发展的决定性因素。

第二，规模以上工业部门成为促进 2020 年第 3 季度首都北京经济 V 形反弹和 2021 年首都北京快速进入正常发展轨道的核心支撑力量。这表明了针对首都北京这样的超大规模城市，即便第三产业部门在经济中占据相对主导地位，保持一定比例的高精尖制造业体系，仍是维持超大规模城市经济高质量发展活动和经济发展内生动力的基础条件。

2021 年第 1 季度，首都北京规模以上工业增加值同比增长 38.4%，两年平均增长 8.7%。在重点的支柱行业中，医药制造业增长 1.5 倍，两年平均增长 53.3%；汽车制造业增长 47.8%，两年平均增长 1.6%；计算机、通信和其他电子设备制造业增长 31.5%，两年平均增长 18.0%；电力、热力生产和供应业增长 12.7%，两年平均增长 5.4%。值得关注的是，首都北京的高精尖制造业体系的整体表现尤为突出，高技术制造业增加值增长 81.9%，战略性新兴产业增加值增长 73.8%，分别高于规模以上工业增速 43.5 和 35.4 个百分点（二者有交叉）。

与全国的数据对比，首都北京工业部门的增长态势已经表现出超过全国平均水平的良好态势。北京两年平均增速 8.7% 超过全国两年平均增速（6.8%）1.9 个百分点，而且高技术制造业和战略性新兴产业增速均超过全国平均水平。充分说明首都北京仍然具备发展高精尖制造业体系的独特综合优势。2021 年第 1 季度，全国规模以上工业增加值同比增长 24.5%，环比增长 2.01%，两年平均增长 6.8%。其中，制造业同比增长 27.3%，两年平均增长 6.9%。装备制造业和高技术制造业增加值分别同比增长 39.9%、31.2%。

2021 年第 1 季度，北京规模以上工业增加值同比增速（38.4%）和两年平均增速（8.7%）均超过上海，说明北京相对于上海仍然具有发展高端制造业的一定综合优势。上海规模以上工业增加值同比增长 34.5%，两年平均增长 5.2%。工业战略性新兴产业总产值同比增长 34.3%，两年平均增长 13.8%。事实上，这次全球新冠肺炎疫情冲击带来的一个重要启示是，类似北京、上海这样的国际化超大规模城市，要实现 2035 年 GDP 总量再翻一番的既定发展目标，不能只依靠第三产业，必须依靠高精尖制造业体系的培育及构建所蕴含的经济发展内生动力机制。

2021 年第 1 季度，北京不仅仅相较于上海表现出发展高端制造业的独特优势，相比于江苏、广东、浙江等制造业强省，首都北京的制造业也表现出独特的竞争优势和发展活力：（1）江苏规模以上工业增加值同比增长 33.6%，两年平均增长 11%。装备制造业增加值增长 43.2%，增速高于全省规模以上工业 9.6 个百分点。高技术制造业增加值增长 36.5%，增速高于全省规模以上工业 2.9 个百分点。（2）广东规模以上工业增加值同比增长 28.9%，两年平均增长 4.6%。（3）浙江规模以上工业增加值同比增长 34.1%，两年平均增长 9.7%。高端装备、战略性新兴、高技术和高新技术等产业制造业增加值分别增长 44.9%、39.5%、38.9% 和 38.3%。

第三，2021 年第 1 季度，从绝大多数第三产业部门的分行业营业收入和利润总额同比增速的统计数据来看，其表现出全面恢复的基本态势。这就说明，总体来看，首都北京服务业部门经受住全球新冠肺炎疫情冲击，表现出独特的发展韧性，成为保持首都北京经济高质量发展的"基本盘"与"压舱石"。

2021 年第 1 季度，北京第三产业增加值按可比价格计算，同比增长 14.6%，两年平均增长 4.5%。在自身传统的优势行业中，信息传输、软件和信息技术服务业实现增加值同比增长 26.5%，两年平均增长 14.4%；金融业实现增加值同比增长 7.7%，两年平均增长 6.6%；科学研究和技术服务业同比增长 10.9%，两年平均增长 2.4%。这三大支柱行业对服务业增长的贡献率超过 5 成。

与全国数据相比，北京第三产业部门的整体恢复能力，逐步呈现出与全国水平基本接近且变化趋同的基本态势。但是，不容忽略的是，与全国主要省份相比，北京第三产业部门恢复能力表现出相对滞后性特征。特别是与上海相比，表现出一定程度的落后（上海两年平均增速为 5.5%，领先北京的 4.5%）。

2021 年第 1 季度，全国第三产业增加值同比增长 15.6%，两年平均增长 4.7%。具体来看：（1）上海的第三产业增加值同比增长 14.3%，两年平均增长 5.5%。其中，信息传输、软件和信息技术服务业增加值同比增长 18.6%，两年平均增长 15.9%；金融业增加值同比

增长 8.0%，两年平均增长 7.6%；批发和零售业增加值同比增长
24.9%，两年平均增长 0.3%。（2）浙江的第三产业增加值同比增长
15.4%，两年平均增长 6.6%。（3）江苏的第三产业增加值同比增长
15.7%，两年平均增长 6.5%。信息传输、软件和信息技术服务业，文
化体育娱乐业增加值分别同比增长 21.4%、20.2%。（4）广东的第三
产业增加值同比增长 15.6%，两年平均增长 6.7%。其中，教育、文化
体育娱乐业等领域逐步改善，其他服务业增加值同比增长 10.1%，两
年平均增长 9.0%。

第四，全社会固定资产投资的全面爆发性增长，成为拉动首都北京
经济快速进入正常发展轨道的核心力量。特别是制造业以及高技术制造
业、金融业、文化体育娱乐业等部门投资的超常规增长，奠定了北京今
后的产业发展优势。同时，这也预示着，首都北京正在全面启动的减量
发展、创新驱动发展以及打造高精尖产业体系、实施城市更新行动计划
及其蕴含的多层次、多方位的高质量投资动力，成为支撑今后一段时期
内首都北京高质量发展的关键力量。由此，可以得出的一个明确判断
是，北京正在全面进入新一轮的高质量投资周期启动阶段的关键时期。

2021 年第 1 季度，北京固定资产投资（不含农户）同比增长
18.3%，两年平均增长 4.8%。分产业看：第一产业投资同比增长
24.6%，两年平均下降 29.0%；第二产业投资同比增长 44.3%，两年
平均增长 22.2%；第三产业投资同比增长 16.5%，两年平均增长
4.0%。分行业看：制造业投资同比增长 55.0%，其中高技术制造业投
资同比增长 92.0%，两年平均增长分别为 41.8% 和 67.5%；金融业投

资同比增长 7.9 倍，两年平均增长 1.3 倍；文化体育娱乐业投资、教育投资同比增长分别为 25.1% 和 17.8%，两年平均增长分别为 12.7% 和 6.3%。分领域看：基础设施投资同比增长 10.5%，两年平均下降 15.0%；房地产开发投资同比增长 25.4%，两年平均增长 8.3%。

与全国数据相比，首都北京在整体层面，尤其是制造业特别是高技术制造业部门、金融业部门等核心行业部门表现出的固定资产投资超常规的爆发式增长态势，表明首都北京正在全面进入高质量投资启动高质量发展的特定阶段。2021 年第 1 季度，全国固定资产投资（不含农户）同比增长 25.6%，环比增长 2.1%，两年平均增长 2.9%。由此可见，北京固定资产投资两年平均增长 4.8%，领先全国 1.9 个百分点。分领域看：全国基础设施投资同比增长 29.7%，两年平均增长 2.3%；全国制造业投资同比增长 29.8%，两年平均下降 2.0%。由此可见，北京制造业投资两年平均增速 41.8% 领先全国 43.8 个百分点；全国高技术产业投资同比增长 37.3%，两年平均增长 9.9%。其中，高技术制造业和高技术服务业投资同比增长分别为 41.6%、28.6%，两年平均增长分别为 10.7%、8.2%。由此可见，北京高技术制造业投资两年平均增速 67.5% 领先全国 56.8 个百分点。分产业看：全国第一产业投资同比增长 45.9%，两年平均增长 14.8%。第二产业投资同比增长 27.8%，两年平均下降 0.3%。北京第二产业投资两年平均增速 22.2% 领先全国 22.5 个百分点。第三产业投资同比增长 24.1%，两年平均增长 4.0%。

2021 年第 1 季度，从全国重点省份来看：（1）上海固定资产投资同比增长 27.1%。在三大投资领域中，基础设施投资同比增长 22.7%，工业投资同比增长 30.2％，房地产开发投资同比增长 24.7％。第一产业投资同比增长 27.4％，第二产业投资同比增长 30.1％，第三产业投资同比增长 26.6％。（2）江苏固定资产投资同比增长 22.1％。分产业看，第一产业投资同比增长 111.9％，第二产业投资同比增长 19.5％，第三产业投资同比增长 23.1％。分领域看，工业投资同比增长 19.5％，民间投资同比增长 23.7％，基础设施投资同比增长 36.8％。高技术产业投资同比增长 37.8％，其中，高技术制造业投资同比增长 30.9％，高技术服务业投资增长 79.3％。（3）浙江固定资产投资同比增长 21.8％，两年平均增长 7.5％。其中，基础设施投资同比增长 23.6％，两年平均增长 8.4％；交通投资同比增长 22.9％，两年平均增长 7.2％；高技术产业投资同比增长 42.3％，两年平均增长 22.3％；制造业投资同比增长 30.8％，两年平均增长 10.9％。（4）广东的固定资产投资同比增长 31.9％，两年平均增长 5.7％。基础设施投资同比增长 25.1％，两年平均增长 5.3％，其中，城市建设增长 32.1％，两年平均增长 7.5％；工业投资增长 35.2％，两年平均增长 2.5％。

　　由此可以得出的一个基本判断是，与全国的主要制造业强省相比，首都北京的制造业和高技术制造业投资在特定时期表现出独特的发展优势。这就说明，在首都北京主动制定和积极实施的首都特色减量发展、创新驱动发展和城市更新行动计划等多重政策举措的叠加效应和刺激作用下，北京的高质量投资整体上呈现出"第三产业稳、第二产业增""传统优势产业韧性强、高精尖制造业异军突起"的新格局。尤其是在"三城一区"以及通州—大兴—丰台—房山—北京经济开发区地区分布的北京南部区域产业带中，高技术制造业投资表现出巨大的发展潜力。

进一步地，通过对 2021 年第 1 季度全国重点城市的固定资产投资同比增速以及制造业投资同比增速的对比分析来看，一方面，北京固定资产投资两年平均增速领先于深圳、重庆、天津等城市；另一方面，北京的制造业投资同比增速以及高技术制造业投资同比增速，全面领先于上海、深圳、广州、重庆、杭州和天津等重点城市。这些重要的信息背后透露出的重大现象是，北京正在全面进入新一轮的高质量投资周期的启动阶段。当然，这其中仍然存在不可忽略的内在不稳定因素，基础并不牢靠。如果北京各级政府尚未充分认识到当前北京高质量投资的必然性和相对脆弱性，并未采取前瞻性的政策举措来有效应对其中可能暴露出的一系列结构性问题和重大风险，就可能使得北京全面进入新一轮的高质量投资周期的启动阶段面临重重困难。

第五，进入 2021 年第 1 季度，首都北京的消费动力在经历了 2020 年的较大幅度负向增长后又发生了强劲反弹的现象。然而，社会消费品零售总额方面的恢复能力出现了持续性的滞后现象，这可能预示着首都北京人口的总量控制和非首都功能疏解，传导和制约着北京的内生性消费能力增长，必将对北京打造国际消费中心城市带来较大程度的压力和挑战。

2021 年第 1 季度，北京的市场总消费额同比增长 24.0%，两年平均增长 4.1%。其中，服务性消费额增长 18.5%，两年平均增长 6.6%；实现社会消费品零售总额同比增长 31.1%，两年平均增长 1.5%。分商品类别看，通讯器材类、文化办公用品类、体育娱乐用品类零售额分别同比增长 55.8%、31.4% 和 22.0%，两年平均增速均在两位数以上。

与全国数据对比来看，2021 年第 1 季度，全国社会消费品零售总额同比增长 33.9%，环比增长 1.86%，两年平均增长 4.2%。按经营单位所在地分，城镇消费品零售额同比增长 34.6%，两年平均增长 4.3%；乡村消费品零售额同比增长 29.4%，两年平均增长 3.2%。按消费形态分，餐饮收入同比增长 75.8%，两年平均下降 1.0%；商品零售同比增长 30.4%，两年平均增长 4.8%。

与全国重要省份相比而言，上海的社会消费品零售总额同比增长 48.9%，与 2019 年一季度相比，社会消费品零售总额增长 18.5%，两年平均增长 8.9%。广东的社会消费品零售总额同比增长 32.1%，两年平均增长 3.4%。按经营单位所在地分，城镇消费品零售额增长 32.1%，两年平均增长 3.5%；乡村消费品零售额增长 32.2%，两年平均增长 2.8%。浙江的社会消费品零售总额同比增长 26.5%，两年平均增长 3.9%。按经营单位所在地分，城镇消费品零售额同比增长 26.2%；乡村消费品零售额增长 28.4%。江苏全省社会消费品零售总额同比增长 39.1%，两年平均增长 6.7%。

通过以上的数据对比分析，可以发现的基本事实是，首都北京在社会消费品零售总额方面的恢复能力可能出现了持续性的滞后现象。一方面，北京社会消费品零售总额在 2021 年第 1 季度的两年平均增速为 1.5%，低于全国的 4.2%。最为关键的是，与北京 2020 年同样面临巨大负面冲击的上海相比，上海两年平均增速为 8.9%，远远超过北京的 1.5%，这说明上海的内生性消费能力得到充分恢复和强劲增长。另一方面，与广东 3.4%、浙江 3.9% 和江苏 6.7% 的两年平均增速相比，北京 1.5% 的两年平均增速也显示出较为落后的态势。这背后可能反映的基本事实是，首都北京的人口总量控制政策以及非首都功能疏解已经起到了重要作用，导致北京人口绝对规模在特定时期内的相对收缩，最终会传导和表现为对北京社会消费品零售总额的增长动力的阻碍效应。

第六，首都北京的居民收入增长仍然较为稳固，彰显出北京具有的内需驱动型增长模式的经济高质量发展优势。更为重要的是，北京居民的工资性收入、经营净收入、财产净收入指标呈现出的全面恢复性增长态势，说明北京居民的收入增长已经全面进入正常轨道中。特别是经营净收入表现出的恢复性增长态势，进一步说明北京的经济活力已经得到充分恢复。

2021 年第 1 季度，北京市居民人均可支配收入 19 585 元，同比名义增长 9.6%，两年平均名义增长 7.1%；扣除价格因素，同比实际增长 9.7%，两年平均实际增长 5.2%。其中，城镇居民的人均可支配收入 21 189 元，同比名义增长 9.5%。四项收入全面增长：工资性收入同比名义增长 10.5%，经营净收入同比名义增长 15.6%，财产净收入同比名义增长 10.6%，转移净收入同比名义增长 5.3%。

全国居民人均可支配收入 9 730 元，同比名义增长 13.7%，两年平均名义增长 7.0%；扣除价格因素，同比实际增长 13.7%，两年平均实际增长 4.5%。其中，城镇居民人均可支配收入 13 120 元，同比名义增长 12.2%，同比实际增长 12.3%；农村居民人均可支配收入 5 398 元，同比名义增长 16.3%，同比实际增长 16.3%。全国居民人均工资性收入、经营净收入、财产净收入、转移净收入同比名义增长分别为 12.4%、19.5%、17.0%、10.7%。

上海居民人均可支配收入 21 548 元，同比名义增长 9.8%。其中，城镇居民人均可支配收入 22 636 元，同比名义增长 9.6%；农村居民人均可支配收入 12 006 元，同比名义增长 11.9%。江苏居民人均可支配收入 15 500 元，同比增长 14.1%，两年平均增长 7.6%。其中，城镇居民人均可支配收入 18 194 元，同比名义增长 13.1%，两年平均名义增长 7.4%；农村居民收入 10 215 元，同比名义增长 16.2%，两年平均名义增长 7.3%。浙江居民人均可支配收入 18 263 元，同比名义增长 17.3%，两年平均名义增长 8.5%；扣除价格因素，同比实际增长 16.4%，两年平均实际增长 5.9%。其中，城镇居民人均可支配收入 21 600 元，同比名义增长 16.5%，同比实际增长 15.7%，农村居民人均可支配收入 11 686 元，同比名义增长 18.5%，同比实际增长 17.0%。全省居民人均工资性收入、经营净收入、财产净收入、转移净收入同比名义增长分别为 10.8%、33.3%、38.9%、9.6%。广东居民人均可支配收入 12 636 元，同比名义增长 15.3%，两年平均名义增长 8.1%；扣除价格因素，同比实际增长 16.3%。其中，城镇居民人均可支配收入 15 472 元，同比名义增长 14.7%；农村居民人均可支配收入 6 225 元，同比名义增长 16.9%。

与全国以及重点省份浙江、江苏、广东等的统计数据相比，一方面，北京居民人均可支配收入在 2021 年第 1 季度均略高于全国，且北京居民收入的变化趋势基本与全国平均水平保持了一致性。另一方面，与上海相比，北京 2021 年第 1 季度的居民人均可支配收入 19 585 元，要低于上海的 21 548 元，北京的同比名义增速 9.6％ 也低于上海的 9.8％。由此说明，北京居民收入已经明确出现落后于上海的现象。在我们看来，在中国经济全面进入内需驱动模式的前提下，北京的经济发展潜力与上海的落后差距会逐步扩大。

第七，进入 2021 年以来，全国出现了消费价格指数平稳和工业生产者出厂价格、工业生产者购进价格较快上涨的不对称变化现象。造成工业生产者出厂价格、工业生产者购进价格进入快速增长通道的原因在于，全国多数工业原材料产品价格均处于快速上涨通道之中，部分重要工业原材料产品价格已经上涨 20％～30％。在终端消费价格相对平稳的情形下，这必将对今后一段时期内中国工业部门的企业利润产生明显的挤压效应。与此不同的是，首都北京面临消费价格低位运行和工业生产者出厂价格、工业生产者购进价格降幅双双收窄的现象，这就表明，部分重要工业原材料产品价格上涨对北京工业部门的影响具有滞后效应，将会在 2021 年第 2 季度由负转正，导致北京工业企业利润增长从 2021 年第 2 季度开始面临较大压力，从而会制约北京工业部门后续的投资动力。

2021 年第 1 季度，北京居民消费价格同比下降 0.1％。其中，消费品价格上涨 0.3％，服务价格下降 0.5％。八大类商品和服务项目价格"二升六降"：食品烟酒类价格上涨 0.9％，其他用品和服务类价格上涨 0.6％，衣着类价格下降 0.1％，居住类价格下降 0.2％，生活用品及服务类价格下降 0.3％，交通和通信类价格下降 0.8％，教育文化和娱乐类价格下降 0.6%，医疗保健类价格下降 0.9%。3 月份，居民消费价格同比上涨 0.6%，涨幅比上月提高 0.7 个百分点，环比下降 0.2%。2021 年第 1 季度，北京工业生产者出厂价格同比下降 0.7%，购进价格同比下降 2.2%。3 月份，工业生产者出厂价格同比下降 0.2%，环比持平；购进价格同比下降 1.4%，环比上涨 0.8%。

　　2021 年第 1 季度，全国的居民消费价格同比持平。全国工业生产者出厂价格同比上涨 2.1%，全国工业生产者购进价格同比上涨 2.8%。其中 3 月份全国工业生产者购进价格同比上涨 5.2%，涨幅比 2 月份扩大 2.8 个百分点，环比上涨 1.8%。这表明，全国工业生产者出厂价格、全国工业生产者购进价格增速呈现逐步强化态势。

　　2021 年第 1 季度，上海居民消费价格同比上涨 0.3%，升幅较上年同期下降 3.1 个百分点。八大类中，居住类价格涨幅最高，成为拉动上海 2021 年第 1 季度的居民消费价格上涨的首要因素。上海 2021 年 1 月份出厂价格同比下降 1.7%，购进价格同比下降 1.6%；2 月份的出厂价格同比下降 1.2%，购进价格同比下降 0.4%；但到了 3 月份，出厂价格和购进价格在分别持续了 27 个月和 12 个月的同比下降态势后，均出现首次转正，分别上升 0.4% 和 1.8%。这就表明，2021 年以来全国部分重要工业原材料产品价格快速上涨效应已经传递到上海的工业部门。相对上海的工业部门偏向于硬结构特征，北京的工业部门由于更偏向于软结构特征，因此这种传导效应可能存在一定的滞后效应，但是，其后续对北京工业部门带来的负面冲击仍然不容小觑，需要及早研判和加以启动应对。

第八，进入 2021 年以来，首都北京财政收入增长动力呈现出恢复性反弹的基本特征，表明北京的经济和产业活力表现出较为坚实和可靠的恢复态势。由此可以得出的一个基本判断是，首都北京的财政收支压力将会在 2021 年得到一定程度的缓解。这就意味着，北京必须充分利用财政收支压力缓解期，谋划好在强化国家战略科技力量和建设国际科技创新中心等所需要的原始创新策源地、自主创新主阵地、关键核心技术创新方面的政府财政投入力量。

2021 年 1—2 月，北京公共预算收入和地方级税收收入均呈现出恢复性增长态势。北京一般公共预算收入完成 1 094.3 亿元，同比增长 5.1%，完成年度预算的 19.4%，超时间进度 2.7 个百分点，总体呈现"平稳增长，持续向好"的运行特点。北京地方级税收收入完成 968.0 亿元，增长 9.4%。增值税、企业所得税、个人所得税等三大主体税种合计完成 791.4 亿元，增长 6.4%。受金融、科技、房地产、批发零售等行业企业业务的增长带动，增值税和企业所得税均实现两位数增长，其中增值税完成 416.8 亿元，增长 14.4%；企业所得税完成 244.7 亿元，增长 10.3%。对比支出来看，2021 年 1—2 月，北京一般公共预算支出完成 1 412.3 亿元，增长 2.2%，完成全年预算的 20.8%，超时间进度 4.1 个百分点。2021 年 1—2 月，北京财政支出超出财政收入 126.3 亿元。由此可见，短期之内北京的财政支出大于收入的财政不平衡现象仍然比较突出，但是，我们预计随着 2021 年北京经济全面进入正常发展轨道，财政支出大于收入的压力会逐步得到缓解，这就为北京在"十四五"开局之年逐步放松紧张性财政政策，强化在原始创新策源地、自主创新主阵地、关键核心技术创新等方面的政府财政投入提供了政策调整空间。

第九，北京在 2021 年第 1 季度呈现出口额高速增长态势，这是由与新冠肺炎疫情相关的防疫产品出口大幅度增长推动的，而北京在高精尖产品特别是优势高精尖制造产品方面的能力仍然有待提高。因此在"十四五"期间，北京必须逐步打造成为全国高精尖产品特别是优势高精尖制造产品的出口基地。

2021 年第 1 季度，北京进出口总额达到 6 773.74 亿元人民币，同比增长 8.66%，以美元计价则为 1 042.37 亿美元，同比增长 16.51%。从出口角度来看，北京出口额为 1 290.08 亿元人民币，同比增长 7.20%，以美元计价则为 198.18 亿美元，同比增长 15.02%；从进口角度来看，北京进口额为 5 483.66 亿元人民币，同比增长 9.01%，以美元计价则为 844.18 亿美元，同比增长 16.86%。

与全国数据对比来看，2021 年第 1 季度，货物进出口总额 84 687 亿元，同比增长 29.2%。出口 46 140 亿元，同比增长 38.7%；进口 38 547 亿元，同比增长 19.3%。进出口相抵，贸易顺差 7 593 亿元。3 月份，进出口总额同比增长 24.0%。出口同比增长 20.7%；进口同比增长 27.7%。贸易结构继续优化。一般贸易进出口占进出口总额的比重为 61.2%，比上年同期提高 1.3 个百分点。民营企业进出口占进出口总额的比重为 46.7%，比上年同期提高 4.4 个百分点。

二、准确认识首都特色的高质量投资的多层次来源和合理关系

依据以上针对北京 2021 年第 1 季度宏观经济形势核心统计数据的深入和综合分析来看，可以明确判断，北京在经历了 2020 年最为严峻的全球新冠肺炎疫情冲击之后，在 2021 年第 1 季度呈现全面复苏态势，已经全面进入正常发展轨道。细致梳理和分析促使 2021 年第 1 季度北京经济反弹和复苏的重要因素，发现投资的全面企稳和快速增长是促使北京经济稳定的关键因素。客观事实是，在第三产业部门守住了经济增长稳定盘的基础上，第二产业中的工业部门特别是高端制造业部门固定资产投资的强劲反弹和强劲增长态势，既是决定 2021 年第 1 季度北京全面进入正常发展轨道的核心因素，也是维持 2021 年第 2 季度乃至今后一段时期内的北京经济增长动力的核心因素。

因此，我们将影响北京投资的诸多因素作为重点分析对象，重点剖析高质量投资对全面启动北京高质量发展周期的决定性作用、多层次影响效应及其存在的一系列机制体制性问题。

（一）科学认识和准确把握现阶段首都北京全面实施的减量发展、创新发展和高质量发展所蕴含的高质量投资的不同类型和形成机制

要科学把握北京正在全面进入高质量投资启动周期的特定阶段的基本特征，就是要准确理解当前阶段首都特色的高质量投资来源的多层含

义。依据首都北京的现实特征，具体可归纳如下：

第一层含义：首都北京特色的城市更新行动计划蕴含的各种投资。（1）"三老一改"：以老旧小区综合整治、老城保护、老旧楼房改建、棚户区改造等"三老一改"工作为抓手，持续推进城市更新。（2）打造首都环境景观体系：基本形成以天安门地区为核心，以长安街、中轴线及其延长线为统领的首都环境景观体系；建成一批特色鲜明的夜景示范区域，打造京味古城、现代都会、首善宜居的城市景观环境。（3）交通建设："十四五"时期，北京共划定 71 个微中心，涉及 14 个区，28 条线路，将车站与城市综合交通体系融合在一起，推动区域文化、科技、生态的深度融合，实现更和谐高效的出行链。

第二层含义：加快推进"新基建"蕴含的各种投资。"新基建"指发力于科技端的基础设施建设，2018 年底召开的中央经济工作会议首次提出"加快 5G 商用步伐，加强人工智能、工业互联网、物联网等新型基础设施建设"。"新基建"涵盖了 5G 基站建设、新能源汽车充电桩、大数据中心、人工智能、工业互联网、特高压、城际高速铁路和城市轨道交通，涉及七大领域和相关产业链。与"旧基建"相比，"新基建"的特点在于支持科技创新、智能制造的相关基础设施建设，以及针对"旧基建"进行的补短板工程。对此，北京提出聚焦"新网络、新要素、新生态、新平台、新应用、新安全"六大方向，到 2022 年，基本建成具备网络基础稳固、数据智能融合、产业生态完善、平台创新活跃、应用智慧丰富、安全可信可控等特征，具有国际领先水平的新型基础设施，对提高城市科技创新活力、经济发展质量、公共服务水平、社会治理能力形成强有力支撑。

第三层含义：率先完成碳达峰、碳中和任务所蕴含的各种投资。北京已经部署采取更加有力的措施减排降碳，确保"十四五"时期碳排放稳中有降，同步开展碳中和路径研究，制定专项行动方案，在实现碳达峰、碳中和上争当"领头羊"。首先，北京要率先优化调整能源结构，提高清洁能源比例。以实施二氧化碳排放控制专项行动为抓手，严控化石能源消费总量，大力发展清洁能源，实施可再生能源替代行动。要紧盯建筑、交通等重点领域，深挖节能减排潜力：存量建筑强化节能运行管理，推进公共建筑和居住建筑节能改造工作；新建建筑全面推行绿色建筑，因地制宜推广超低能耗建筑；加大新能源车推广应用力度，推进大宗物资"公转铁"，鼓励市民绿色出行。其次，北京要优先推进林业碳汇发展，增强固碳减碳能力。扎实推进新一轮百万亩造林绿化工程，加强低质低效林改造，推广高碳汇树种；全面推行林长制，增加森林蓄积量，发挥城市绿地、湿地固碳作用，提升生态系统碳汇增量。要发挥首都科技和人才优势，开展低碳前沿技术研究，为国家实现碳中和目标提供技术支撑；鼓励节能环保企业加强技术创新，推广一批先进节能技术装备及产品。最后，北京要全面健全体制机制，营造良好环境。积极推动碳减排相关立法工作，完善绿色低碳发展的政策体系，深化碳排放权交易市场建设，发展绿色金融。力争北京冬奥会首先实现碳中和，城市副中心率先开展"近零碳"示范项目和园区建设。各级领导干部要增强抓好绿色低碳发展的本领，加强宣传引导，在全区域倡导简约适度、绿色低碳的生活方式。

第四层含义：强化国际交往中心和国家政治中心功能所蕴含的各种投资，全面推进相关重大项目建设的各种投资。为了打造国际交往活跃、国际化服务完善、国际影响力凸显的国际交往之都的总目标，北京2021年将统筹安排74项重点任务、实施42个重大项目，不断释放国际交往中心蕴含的巨大能量。首先，提升国际交往综合承载能力。功能设施建设是全面提升国际交往环境和配套服务能力的重要支撑。北京2021年将紧紧牵住重大项目建设这个"牛鼻子"，持续推进各类国际交往设施扩容、完善和提升。统筹实施42个规格高、发展质量好、带动能力强的亿元级重大项目，总投资超2 100亿元，"一核、两轴、多板块"的国际交往空间布局将进一步优化。其次，引聚国际高端资源要素。特别是引聚跨国公司、研发总部、国际人才等国际高端资源要素，提升北京城市国际化能级，支撑北京高水平开放、高质量发展能力。2021年，北京将在吸引国际组织落户方面持续"放大招"，出台便利化措施政策包，探索在教育、医疗、出入境等领域的创新性政策，加快推动全球服务贸易联盟、世界剧院联盟、全球音乐教育联盟等一批国际组织落户登记。还将建立吸引国际组织落户长效机制，引导更多有影响力的全球政治、经济、科技、文化等领域治理活动和项目在京落地。最后，优化国际化公共服务环境，不断完善国际教育、国际医疗等设施和配套政策，加快国际人才社区建设，打造"类海外"环境。

第五层含义：提升国际科技创新中心功能蕴含的各种投资。具体来看，一方面，加大在强化国家战略科技力量和打造国家重点实验室、大科学装置的基础研究投资和运行方面的经费支出。加快推进国家实验室培育建设，推进在京国家重点实验室体系化发展，加速怀柔综合性国家科学中心建设，推进世界一流重大科技基础设施集群建设，围绕优势领域新培育一批新型研发机构。具体体现在正在加快布局的高能同步辐射光源等20个左右重大科技基础设施、128个国家重点实验室、68个国家工程技术中心，拥有一批世界顶尖科学家、工程技术专家和一大批知名高校院所。另一方面，依靠全国第一个颠覆性技术创新基金，探索央地和社会资本共同支持颠覆性技术研发的新模式。推进金融改革先行先试，加快推进"金科特区"建设，建立政府引导资金让利于社会资本的机制，进一步推动新三板改革，加强知识产权保护和应用，规范探索开展知识产权证券化，促进知识产权市场化运营。

第六层含义：把握加快建设国际消费中心城市带来的各种投资机会。在充分结合北京消费特点和消费升级需求的基础上，坚持市场主导与政府引导相结合、国内消费与国际消费统筹发展、传统消费与新型消费协同促进、消费供给与消费需求两端发力、品质提升与规模发展并举，增强消费对北京经济发展的基础性作用，率先建设成为具有全球影响力的国际消费中心城市。一是强化首都优势的超级商圈和消费新地标的建设；二是继续做强"首店经济"和"首发经济"，大力支持国内外知名品牌在北京设立全球性、全国性和区域性品牌首店、旗舰店和体验店，吸引一批国际高端知名品牌、原创设计师品牌等在京首发和同步上市新品；三是要发挥北京的国际科技创新优势，发展智慧先锋商业。技术创新和商业创新有机结合，才能以新技术打开视野，创造新的产品、带来新的需求，以新的商业模式、理念、运营方式使技术落地，对接市场需求，为更多消费者提供产品与服务。

第七层含义：激发国家文化中心功能蕴含的各种投资。全球的文化产业，特别是文化产业的全产业链和泛娱乐领域，蕴含着巨大的新型投资机会。具体来看，一方面，深入推进全国文化中心建设，稳步提升市民文化获得感，建设群众身边的体育设施，安排文化体育项目。另一方面，撬动市场力量特别是民间资本力量，推进和发展首都特色的文化产业体系蕴含的各种投资的主力军地位。

第八层含义：全面激活高精尖产业体系在北京高质量投资中的主导地位。"十四五"期间，北京将深入贯彻习近平总书记对北京的重要讲话精神，以高质量发展为主题，坚持智能制造、高端制造、绿色制造方向，坚持先进制造业和现代服务业深度融合。重点发展方向是：首先，加快产业基础再造提升、产业链条优化升级、智能制造全面覆盖、制造业与服务业深度融合、区域发展开放联动，打造一批具有全球核心竞争力的产业集群，力促产业关键短板环节突破和国产化替代取得重大进展。支撑构建具有首都特色的产业化体系，着力构建以智能制造产业、互联网、医疗健康等为新支柱的产业体系。其次，将集成电路、智能网联汽车、区块链、创新药等创新性、引领性强的企业，打造成为北京制造、北京服务的新名片。布局前沿新材料、量子信息、生命科学等一批面向未来的前端产业，特别是突出抓好数字经济发展，聚焦重点领域和产业链关键环节，启动实施一批重大标志性项目，在提高供给质量和推动产业数字化、网络化、智能化发展上下功夫。最后，发布实施"十四五"京津冀产业协同发展规划，选择氢能、智能网联汽车、工业互联网三个新兴领域作为突破口。打造三条产业协调发展示范带，结合在京的龙头企业自身发展需求和协同要求，加强政策、要素、空间匹配，发挥龙头企业带动作用，引导企业在京津冀布局一批产业带动性较强的骨干项目，促进区域产业链上下游协同和产业生态引进，联手打造世界级先进制造产业集群。

依据当前阶段首都北京高质量投资来源的八层含义，可以进一步将首都特色的高质量投资划分为如图 1 的四种特征类型：一是民生改善型投资；二是功能强化型投资；三是质量增进型投资；四是发展驱动型投资。

具体来看（见表 1），民生改善型投资主要对应首都特色的城市更新行动计划；功能强化型投资对应全面建设全国政治中心、国际交流中心、全国文化中心、国际消费中心城市等方面的建设目标；质量增进型投资对应加快打造国际科技创新中心和提升新基建能力；发展驱动型投资对应构建北京优势的高精尖产业体系、提升制造业增加值占 GDP 比重的重要发展目标。

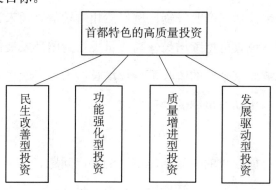

图 1　首都特色高质量投资的四种类型

表 1　首都特色高质量投资类型的具体内容

投资类型	投资来源	政策文件
民生改善型投资	首都特色的城市更新行动计划	《北京市城市更新行动计划（2021—2025年）》
功能强化型投资	全国政治中心、国际交流中心、全国文化中心、国际消费中心城市	《北京推进国际交往中心功能建设专项规划》《北京培育建设国际消费中心城市实施方案（2021—2025年）》《北京市推进全国文化中心建设中长期规划（2019年—2035年)》
质量增进型投资	国际科技创新中心、新基建	《北京市加快新型基础设施建设行动方案（2020—2022年）》《北京市"十四五"时期国际科技创新中心建设规划》
发展驱动型投资	构建北京优势的高精尖产业体系、提升制造业增加值占 GDP 比重	《加快科技创新发展新一代信息技术等十个高精尖产业的指导意见》《北京市国民经济和社会发展第十四个五年规划和二〇三五年远景目标纲要》

（二）高度认识"十四五"期间首都北京高质量投资中可能存在的一系列突出的结构性问题

北京的战略性新兴产业投资比例仍然相对较低，尚未在北京有效形成高质量投资→税收可持续增长→高质量投资的闭环发展体系。这会在一定程度上影响北京今后的税收可持续增长能力，必然也会阻碍北京高质量经济增长内生动力机制的加速形成。

综合分析北京在 2021 年推出的"3 个 100"重点工程的投资内容，可以发现其中可能隐含的一系列连带性的突出问题。

第一，北京当前的投资结构中，与提升科技创新自主能力和发展高精尖产业体系领域相关的重大项目投资比重仍然相对较低，与民生改善和基础设施建设等领域相关的重大项目推进迅速，这意味着北京在民生改善型投资、功能强化型投资、质量增进型投资方面的能力得到充分提升，而在发展驱动型投资方面的能力还有待切实提升。

北京市发展和改革委员会在2021年2月10日公布了2021年"3个100"重点工程计划，这300项重点工程项目总投资超1.3万亿元，当年计划完成投资约2 780亿元、建安投资约1 256亿元，支撑全市投资三成以上。按照四种高质量投资类型对这些重点投资项目依据其结构性特征可以进行分类和归纳：2021年计划投资1 648亿元、建安投资584亿元的100个重大民生改善项目与2021年计划投资662亿元、建安投资470亿元的100个重大基础设施项目均可以归类为民生改善型投资、功能强化型投资和质量增进型投资；2021年计划投资470亿元、建安投资202亿元的100个科技创新及高精尖产业项目属于发展驱动型投资。对比来看，发展驱动型投资占北京总计划投资的16.91%，占总建安投资的16.08%，二者所占比例相对较低。一般来说，民生改善型投资、功能强化型投资、质量增进型投资和发展驱动型投资这四种类型占总投资的合理比例应该设定为20%、20%、20%和40%。造成北京这种投资结构相对不合理的原因，并不在于民生改善型投资、功能强化型投资和质量增进型投资过多，而在于质量增进型投资和发展驱动型投资相对过少。

第二，从上海2021年启动的高精尖制造业投资项目来看，北京与高精尖制造业相关的投资项目相对较少，这就意味着，北京在吸引、集聚和发展高精尖制造业项目能力方面与上海的差距仍然非常明显。

2021 年北京发布的 100 个科技创新及高精尖产业项目。具体包括：一是全力推进怀柔科学城建设综合性国家科学中心，安排重大科技设施平台集群项目 8 个；二是着力扩大智能制造投资，推动集成电路、生物医药等制造业项目集中落地，安排先进制造业项目 37 个；三是加快提升金融业、现代服务业发展质量和水平，安排金融业、服务业扩大开放项目 16 个；四是加快布局工业互联网，实施区块链创新发展行动计划，推进高级别自动驾驶示范区建设，推进科技创新资源在空间上的合理高效配置，安排数字经济和科技创新空间资源项目 23 个；五是加快文化旅游项目建设，推动产业蓬勃发展，安排文化旅游项目 16 个。

以集成电路产业为例，我们做了初步统计，北京 2021 年与集成电路产业相关的重点项目只有 8 个。与上海 2021 年公布的 216 个重大产业项目及总投资 4 898 亿元相比，其暴露出的结构性差异以及与集成电路产业相关项目的招商引资吸引力差距非常明显。上海发布的科技产业类项目涵盖多个集成电路项目，如计划建成项目包括上海集成电路产业研发与转化功能型平台，计划新开工项目包括上海天岳碳化硅半导体材料项目，等等。其中，中芯国际 12 英寸芯片 SN1 项目总投资 90.50 亿美元，积塔半导体特色工艺生产线项目总投资 359 亿元，格科半导体 12 英寸特色工艺线项目总投资约 155 亿元。上海仅仅这三项集成电路产业投资项目的投资总额就高达 1 100.21 亿元，远远超过北京的 100 个科技创新及高精尖产业项目的 470 亿元投资总额。由此表明，北京在发展集成电路产业方面的综合优势不足问题非常突出。实际上，北京的高精尖制造业体系应该聚焦新一代的集成电路产业集群、新一代的新能源和高端新能源产业集群、全球前沿的医药医疗产业集群这三个方面。而北京在发展新一代的集成电路产业集群方面的自主能力，与上海乃至深圳、武汉、南京、合肥等城市皆存在显著差距，会严重影响北京发展高精尖制造集群的综合优势。

第三，仔细观察 2021 年北京发布的 300 项重点投资项目的结构构成，可以看出其中的一个突出结构性问题，即高质量投资→税收可持续增长→高质量投资的闭环发展体系尚未有效形成，特别是高精尖产业体系→税收可持续增长的良性循环体系存在严重缺口，必然造成北京的高质量投资对高质量发展动力的支撑作用存在突出短板。

同时，在北京当前的投资结构中，还存在两个突出问题，如表2所示，一方面，依靠政府支出的项目与市场投资的项目比例存在一定程度的结构性失衡问题，尤其表现为依靠市场投资投入的重大项目数量和投资力量均较弱；另一方面，由于绝大多数的民生改善型投资、功能强化型投资和质量增进型投资的政府税收创造能力相对较弱和有限，从北京当前的投资结构来看，虽然其在短期内可以创造 GDP 规模，支撑地区GDP 增长，但是这些领域的投资项目在创造政府税收能力方面存在天生弱势和能力不足的基本特征，尤其是高精尖制造业产业的投资动力相对不足，必然会削弱北京未来一段时期内的地区税收增长能力。在北京民生改善型投资、功能强化型投资和质量增进型投资等方面仍然需要政府财政支出加以支撑的前提下，北京税收能力的相对弱化，必然会制约北京四大战略定位功能的提升能力，从而迫使北京陷入投资结构失衡→

税收增长动力不足→政府投入能力不足→GDP 可持续增长机制弱化的恶性循环中。

表 2　四种投资类型的基本特征及投入来源

投资类型	基本特征	投入来源
民生改善型投资	创造 GDP，不创造税收	纯政府投入
功能强化型投资	创造 GDP，创造税收能力相对有限	政府投入为主，市场为辅
质量增进型投资	创造 GDP，创造税收能力较弱	政府投入为主，市场为辅
发展驱动型投资	创造 GDP，创造税收能力相对较强	市场投入为主，政府为辅

有鉴于此，既要看到当前北京"3 个 100"重点投资工程项目对支撑北京经济高质量增长、强化北京四大战略定位功能具有的重要作用，也要看到当前北京投资中可能存在的一系列突出的结构性问题。从经济发展固有的内在逻辑来看，地区的投资结构不仅仅决定当前和今后一段时期内的 GDP 增速，也决定了地区今后一段时期内的产业结构状态，更是决定了地区今后一段时期内的税收能力以及地区未来的经济潜在增长能力。正是认识到地区的投资结构对地区经济所具有的如此多方面的重要作用，北京必须高度重视当前阶段高精尖产业特别是高精尖制造业部门投资能力相对不足对北京内生型的经济高质量发展能力可能带来的一系列负面影响效应。

（三）科学把握和全面激发首都北京高质量投资的未来增长点

依据 2017 年发布的《加快科技创新发展新一代信息技术等十个高精尖产业的指导意见》所布局的十大高精尖产业，选取了新一代信息技术、集成电路、医药健康、智能装备、节能环保、新能源智能汽车、新材料、人工智能、软件和信息服务以及科技服务业等十个产业作为重点发展的高精尖产业。然而，在经历 4 年多的发展实践后，从目前的发展现状来看，北京只是在这十大高精尖产业的部分产业链、供应链、创新链环节取得了一定的市场优势，并未在这十大高精尖产业体系方面取得综合性、全面性的优势，甚至在这些高精尖产业所包含的先进制造业集群能力方面还处于相对突出的落后态势。有鉴于此，必须有效利用和加快集聚首都北京既有的要素资源优势，实施有取有舍、有所侧重、重点突破、集群发展的新发展谋略，注重在新一代信息技术、集成电路、医药健康、新能源智能汽车、软件和信息服务以及科技服务业等六大高精尖产业体系方面集中发力、重点突破，谋求从创新链到产业链、供应链、价值链的全球综合优势。

第一，优先布局新一代集成电路创新链的研发基地，布局既有集成电路产业体系中的"卡脖子""掉链子"关键核心技术创新自主突破能力，发展具有首都优势的新一代集成电路的全球研发基地和先进制造业集群。

半导体、集成电路和芯片是目前全球竞争的焦点领域，美国频繁地对中国实施技术封锁和高端生产装备禁售政策，暴露了中国在半导体、集成电路和芯片产业领域的巨大短板。2020 年 8 月 4 日，国务院发布《新时期促进集成电路产业和软件产业高质量发展的若干政策》（国发〔2020〕8 号），提出探索构建社会主义市场经济条件下关键核心技术攻关新型举国体制，开创了中国集成电路产业发展新时期。2021 年以来，上海、天津、重庆、安徽等省市都在其"十四五"规划中提出了发展集成电路的具体思路。事实上，北京在基础研究、应用研究以及吸引国内外的中高端人才方面具有独特优势，最为适合发展全球领先的集成电路产业体系和先进制造集群，发展新一代集成电路的创新链和产业链。然而，北京在发展全球领先的集成电路以及打造新一代集成电路的创新链和产业链方面的自主能力更为滞后，这具体体现在：

（1）无论是从 2020 年以前还是 2020 年之后新设立的企业数量来看，北京均未进入前十名，显示北京在集成电路产业体系中的总体实力相对偏弱的格局。2011 年以来的十年时间，我国芯片相关企业注册量呈逐年递增趋势。企查查数据显示，2011 年我国芯片相关企业共注册 1 272 家，2019 年注册量达到 7 715 家，这一期间整体增速较为平缓，2020 年呈井喷式增长，共新注册 2.28 万家，同比增长 195%。从图 2 与图 3 较近时期的数据来看，广东以 25 229 家企业高居第一，江苏以 10 612 家位居其次，浙江、上海与山东则分别以 5 631 家、4 401 家和 3 757 家跻身前五。深圳是排名第一的城市，拥有 16 990 家芯片相关企业，占广东相关企业总数的 67%，排名二、三位的广州、上海分别有 4 613 家和 4 401 家。此外，苏州、西安、杭州等城市同样跻身前十。而北京既未进入省份的前十名，也未进入城市的前十名。由此可以得到的一个基本判断是，北京虽然在 2017 年就提出了发展集成电路产业的战略目标，但实际情况是，北京很有可能已经错过了中国这一轮集成电路产业体系的国产替代和自立自强的发展契机。

（2）北京在打造集成电路产业体系的全产业链现代化水平和世界级先进制造集群方面的整体能力不足。从集成电路的创新链、产业链、供应链、价值链体系来看，北京只是在前端的芯片设计领域以及部分的生

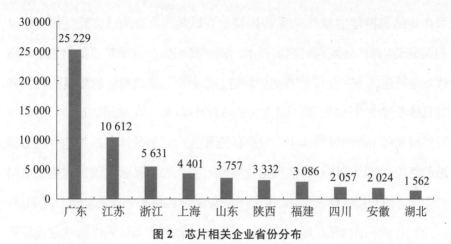

图 2　芯片相关企业省份分布

注：仅统计关键词为"芯片""微电路""微电子"的相关企业数量；数据截至：2012 年 4 月 21 日；数据来源：企查查。

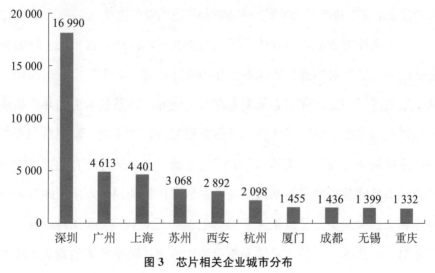

图 3　芯片相关企业城市分布

注：仅统计关键词为"芯片""微电路""微电子"的相关企业数量；数据截至：2012 年 4 月 21 日；数据来源：企查查。

产设备领域具有一定的市场优势，且谈不上全球优势，在集成电路前端的设计软件、硅晶园制造、半导体原材料研发和生产、半导体生产设备研发和生产、半导体制造工艺等核心领域则全面处于产业基础能力不足和产业链集群能力缺失的发展困局。在以美国为首的西方发达国家针对中国集成电路产业发起的全面技术封锁和高端生产设备禁售的情形下，集成电路产业体系在全球已有的创新链、产业链、供应链、价值链的分工和贸易体系将难以维持，集成电路前端的设计软件、硅晶园制造、半导体原材料研发和生产、半导体生产设备研发和生产、半导体制造工艺等核心领域的集成电路产业体系形成国内化布局日益重要。且就我国国内集成电路产业体系的布局特征来看，创新链和产业链的区域集聚化态势也日益明显。因此，北京不能再孤立地、片面地发展集成电路产业体系中的前端设计和部分生产设备研发制造，必须以全创新链、全产业链的集群化布局思维来有效推动集成电路产业的发展，构建首都特色的综合优势。

　　（3）全球集成电路产业体系正在面临新一轮以碳基技术为主导的新发展格局，必将对西方发达国家主导的以硅基技术为主的集成电路产业体系造成巨大冲击。北京必须率先在新一代的以碳基技术为主导的集成电路产业体系中，牢牢抓住从基础研究到工程化产业化，实现从创新链到产业链的全方位"弯道超车"的战略发展机会。随着既有的集成电路产业面临的硅基微电子技术极限与后摩尔时代创新趋势，鉴于碳纳米管技术和无掺杂制备以及碳纳米管晶体管的极限性能等方面的独特优势，碳基集成电路的电子技术发展面临第四次浪潮，碳基技术的商业化将取得巨大进展，碳基技术半导体有望全方位影响现有集成电路产业格局，从而为我国半导体产业的自主可控、实现科技自立自强提供强力支撑。有鉴于此，北京必须全面利用国际科学技术创新中心的战略地位优势，将新一代的集成电路产业体系拓展为以碳基技术为核心的科学研究、应用技术开发和布局高精尖制造业体系这三个环节，加快释放"两区"建设和"五新"政策的巨大动能，抢先布局以碳基技术为主导的集成电路前端的设计软件、碳基晶园制造、碳基半导体原材料研发和生产、碳基半导体生产设备研发和生产、碳基半导体制造工艺等的创新链和产业链融合体系和世界级先进制造集群的全布局。

第二，全面将以新一代信息技术为主的北京北部区域产业带和以高精尖制造业体系主导的北京南部区域产业带，定位为启动北京高质量投资的核心承载地。优先在北京北部区域产业带和北京南部区域产业带以及京津冀协同发展产业带布局全球一流的新基建，专业化、高起点的产业园区基础设施建设，以及联结北京北部区域产业带和南部区域产业带的新型城市交通系统。

首先，针对 2021 年到 2035 年北京 GDP 规模和人均可支配收入翻一番的既定发展目标及其带来的 GDP 规模持续扩张和经济高质量发展自主能力提升压力，北京北部区域产业带和北京南部区域产业带内的北京区县的 GDP 规模在今后 15 年内必须至少实现翻两番的发展目标，才能有效支撑北京在 15 年内 GDP 规模翻一番的总体发展目标。因此必须将"十四五"期间北京高质量投资的核心对象瞄准北京北部区域产业带和北京南部区域产业带，将之作为启动北京高质量投资的主要承载地。

其次，在以通州—大兴—丰台—房山—北京经济开发区为主要承载地、以新一代高精尖制造业体系为主要方向的北京南部区域产业带中，无论是从完善高水平、高标准的园区基础设施和居民生活设施，还是从对标全球一流水平的营商环境建设角度来看，既有的产业园区多数面临着发展滞后的严重问题，也缺乏市场主体的先行投资动力机制，导致北京南部区域产业带中的产业园区难以承载发展高精尖制造业体系的综合优势和吸引力。

最后，在北京既有的交通基础设施网络建设过程中，有两个重要问题被忽略。一是对北京北部区域产业带和北京南部区域产业带这两大产业板块之间的信息和交通基础设施网络体系的前瞻性、谋划性的建设程度不够。很显然，随着北京北部区域产业带和北京南部区域产业带的崛起，这两大产业板块之间蕴含的人员交流、信息交流以及生产材料和零配件的交流，必然会催生各种信息交通等基础设施的互动双向式流动需求，从而对信息交通等基础设施提出前瞻性的谋划和建设需求；二是在北京北部区域产业带及北京南部区域产业带这两大产业板块内部的不同产业园区之间，随着北京集成电路、医药健康、新能源和智能汽车这三大世界级先进制造集群的崛起和发展，在北京各地区内外的不同产业园区之间的人员交流、信息交流以及生产材料和零配件的流动和交易必然呈现快速增长态势，从而倒逼着对各产业园区之间的信息和交通基础设施的重构、提升和完善。

第三，高度重视有效促进全球领先的国家战略科技力量提升和全面解决"卡脖子"关键核心技术创新突破导向的国际科技创新中心建设，需要在原始创新与基础研究等方面进行政府财政投资的持续性投入，要在"十四五"期间保持北京 R&D 经费支出增速高水平的前提下，将北京基础研究占 R&D 经费支出比重尽快提高到 20% 以上，达到甚至超过美国的总体水平。

一方面，当前国家正在大力推动怀柔、张江、合肥、大湾区等综合性国家科学中心建设，推动优势科研力量和重大科技基础设施集群发展，进一步提高我国国家战略科技力量的集中度、显示度和国际影响力，同时加快建设一批体量更大、学科交叉融合、综合集成的国家实验室，进一步优化整合现有国家科技创新基地，与其他各类科研机构、大学、企业研发机构形成功能互补、良性互动的协同创新新格局。与上海及粤港澳大湾区的国际科技创新中心定位有所不同，首都北京的国际科技创新中心定位和使命，应该是更加聚焦于培育和打造全球领先、引领前沿的国家战略科技力量。美国的国家战略科技力量持续全球领先，在很大程度上是依靠美国政府在前瞻性的原始创新、颠覆性技术创新和关键共性技术创新领域持续性的巨额政府投入来推动和保证的，而我国各级政府恰恰在这些领域的政府持续性投入相对不足。为此，为了落实加快布局和强化国家战略科技力量，北京必须使用大量的真金白银，主动依靠持续性地加大政府财政资金投入，在"十四五"期间将基础研究占 R&D 经费支出比重稳步提高到 30% 左右，既能彰显北京在原始创新策源地、自主创新主阵地方面的独特优势，也能支持北京的科研机构和高校研究资源快速向全球前沿水平和世界一流科研机构靠拢。

另一方面，作为我国最具有综合实力的国家科技创新中心，北京还必须承担着实现关乎国家产业链安全的关键核心技术创新突破方面的重要使命。而关乎国家产业链安全的"卡脖子"关键核心技术创新自主突破能力的培育和强化，既需强化企业的创新主体地位，特别是有效激励企业基础研究能力的快速提升，鼓励龙头企业发挥在产业链集群的创新链的主导地位和领头作用，也需支持企业联合科研院所、联合上下游企业开展技术研发活动。北京更要率先积极主动探索和完善社会主义市场经济条件下的关键核心技术攻关的新型举国体制，不断创新政府和市场有机结合的新型支持方式，创造性地设计首都特色的"揭榜挂帅""赛马"制度，主动加快解决制约中国重点产业链的"卡脖子""掉链子"的关键核心技术创新全面突破。在保持国家产业链、供应链的安全稳定方面，北京必须起到中流砥柱的作用。

三、全面启动和强化首都北京高质量投资周期的政策建议

第一，正确认识当前北京正全面处于新一轮高质量投资周期的启动阶段，认识到当前的高质量投资对后续北京高质量发展的核心支撑作用，将重点项目作为促进"十四五"期间高质量投资周期顺利推进的重要抓手。北京宏观经济在 2021 年第 1 季度取得了 GDP 同比增长17.1%、比 2019 年同期增长 9.3%、两年平均增长 4.6% 的良好开局。但是，要辩证地看待北京 2021 年第 1 季度的经济数据，既要看到北京经济的快速恢复能力和经济发展能力的独特韧性，也要看到北京经济恢复不均衡、基础不稳固、投资结构比例不协调的问题仍然突出，更要看到北京正全面处于新一轮高质量投资周期的启动阶段，多方位战略定位功能提升的多层次投资对北京高质量发展的支撑作用更加突出。高质量投资不仅决定了北京未来的经济高质量发展潜力，也决定了北京未来一

段时期内的首都特色的现代化经济体系和高精尖产业体系的形成机制，更决定了北京四大战略定位功能有效提升的实施路径。为此，在"十四五"期间，北京各级政府的首要经济发展任务，就是始终抓好多层次的高质量投资，作为推动北京高质量发展的主线任务，利用投资推进消费增长，投资推进人均收入增长，投资推动经济潜在增速提升，强化北京在今后十五年的内生型增长动力机制。

第二，科学处理好当前北京投资结构中呈现出的部分不合理比例因素，高度关注到与维持北京政府税收收入可持续增长密切相关的发展驱动型投资份额相对不足的重大问题，可以考虑将部分工作重点转移到抓北京南部区域产业带中的高精尖制造业体系的招商引资以及强化产业投资方面。按照一般的科学发展逻辑来看，民生改善型投资、功能强化型投资、质量增进型投资和发展驱动型投资之间应该有着合理比例的结构关系和顺承关系，不同类型的投资，既影响着当前 GDP 的创造能力，也影响着今后政府收入和支出平衡以及一段时期内 GDP 的可持续增长能力。然而当前北京投资结构中呈现出的不合理因素，主要表现在发展驱动型投资在既有投资中的比例相对较低。因此，需要对当前构建首都北京启动高质量投资周期中的高质量投资→税收可持续增长能力→支撑经济高增长的闭环体系、高质量投资→创造高收入就业岗位→加快形成内需驱动型增长模式的闭环体系、高质量投资→原始创新和基础研究自主能力→转化为高精尖产业体系的闭环体系的重要性有足够的全局性重视和前瞻性谋划。

第三，将全面启动和激活以信息技术为主的北京北部区域产业带和以高精尖制造业体系为主的北京南部区域产业带发展所蕴含的产业投资、新型信息和交通基础设施投资、产业园区专业化基础设施投资作为北京启动和强化新一轮高质量投资的核心抓手。一方面，彻底扭转以往侧重于招商引资跨国企业、国有企业、龙头企业、总部企业和大规模企业的单个企业发展模式，全面适应高精尖产业产业链和创新链融合发展的独特集群模式，从全产业链和全创新链的角度来实施"全产业链""产业集群式"的招商引资和培育发展模式。既瞄准招商引资和培育发展产业链的龙头企业，也要吸引和培育产业链中的关键设备研发和制造企业、关键零配件研发和制造企业、关键原材料生产企业等其他核心产业链配套的中小微企业，形成全产业链的全投资驱动发展模式，彻底改变北京高精尖产业体系配套能力不足和集群式发展能力缺失的根本性难题。另一方面，面对北京的核心产业体系分散化、个体化、孤立化发展的顽疾，各个产业园区面临同质化竞争的桎梏，有必要在北京不同地区的不同产业园区中形成针对北京优势产业体系的协调和分工布局模式，围绕北京三大领域的优势高精尖产业体系，围绕核心优势高精尖产业体系的不同产业链环节和不同细分产业领域，实施一园区一产业链定位的新型发展模式。更为重要的是，针对北京南部区域产业带中各乡镇产业园区内的各项基础和生活设施发展相对滞后、各乡镇产业园区之间的各项信息和交通基础设施相对缺失的重大问题，必须前瞻性地加以谋划和解决。更为重要的是，要前瞻性地谋划和布局北京北部区域产业带和北京南部区域产业带这两大未来产业核心板块之间的信息流、人才流和物流的新型基础设施体系。

第四，北京新一代集成电路产业体系发展和布局的重视程度和内生能力远远不足，存在一系列难以忽略的机制体制性障碍，迫切需要将打造全球领先和新一代集成电路科技创新研发基地和世界级先进制造集群作为北京发展高精尖产业体系的重点任务。既要实现集成电路产业体系的硬件和软件融合体系，也要打造集成电路产业体系的高端生产设备研发和制造基地，更要布局新一代集成电路产业体系在原始创新、基础研究、应用开发研究、中间试验研究和工程化体系的策源地。一方面，彻底认识和扭转北京在发展集成电路产业体系乃至其他高精尖产业体系方面的认识误区和政策操作弊端，将以往仅仅侧重于招商引资和培育发展龙头企业、大规模企业的策略进行全面变革，转变为依据创新链、产业链、供应链的分布特征，实施全产业链招商引资和培育发展策略，全面打造新一代集成电路产业体系的全球研发基地、高端生产设备研发和制造基地、关键材料研发和生产基地以及各种芯片的世界级先进制造集群的综合体系，优先在北京南部区域产业带的各个产业园区内统一布局。另一方面，主动利用北京在新一代信息技术产业方面所积累的长期创新研发和集群生产能力，以"舍我其谁"的精神，全力打造工业软件研发和生产基地，既瞄准自主可控的用于芯片设计的 EDA 软件的自主开发和应用，也必须尽快推动 CAD、CAE 等工业软件系统的国产化进程，同时推动操作系统、芯片和数据库在集成、适配、优化方面自主能力的全面提升。

第五，要将全面打造和强化全球领先的国家战略科技力量作为北京在未来相当长时期内政府投资的核心方向。在把握和运用好民生改善型投资和功能强化型投资的前提下，适度将北京的政府财政资金支出方向调整到以强化国家战略科技力量主导的质量增进型投资方面。为此，一方面，既要迅速扩大北京自然科学基金的总资金规模，针对特定的前沿领域设立持续性的重大研究专项，允许和鼓励企业单独或企业和科学机构联合申请北京自然科学基金项目，也需要在联合科技部、国家自然科学基金等力量的前提下，创造性地设立北京重大科技创新研究专项，允许和鼓励企业单独或企业和科学机构联合申请，形成中国特色的企业和科研机构联合实施基础研究和应用研究的融合模式；另一方面，要将培育和强化高精尖产业体系的自主能力，纳入北京培育和强化国家战略科技力量的重要范围之中，形成北京原始创新与高精尖产业化相互支撑、相互促进的发展模式。

第六，持续性谋划、布局和实施针对北京四大战略定位的功能强化型投资计划，逐步改变当前主要依靠政府财政投入的功能强化型投资模式，探索政府和市场有机结合的新型功能强化型投资模式。针对北京成为全国政治中心、国际交流中心和全国文化中心这三大战略定位功能提升所需要的长期投资资金来源，如果一直依靠北京政府财政支出来支撑和提升，显然会面临可持续难以及后续发展动力不足的困局。为此，我们建议对于那些完全公益性的大项目，必须毫不犹疑地实施政府财政资金投入，对于那些具有后期盈利机会以及可以转为商业运行的大项目，可以在建设初期就引入社会资本全程参与。

2021 年第 2 季度报告
——处于提升结构性经济潜在增速关键期的北京经济

一、北京 2021 年上半年宏观经济形势分析及其未来形势的预测

第一，对首都北京 2021 年上半年宏观经济形势的总体判断是，在 2021 年第 1 季度已经呈现出正常发展轨道态势的基础上，高质量投资取得成效，短期内经济加速增长苗头初现。我们预计，北京在 2021 年下半年的 GDP 实际增速可能会出现"前低后高"的总体趋势。

2021 年上半年首都北京宏观经济指标中的最大亮点，就是 2021 年上半年 GDP 实际增速两年平均增长 4.8%，高于第 1 季度 0.2 个百分点。换算来看，按照两年平均的增长口径，2021 年第 2 季度首都北京的 GDP 实际增速比第 1 季度高了 0.5 个百分点左右，经济加速增长的态势初步确立。

具体来看，2021 年上半年北京实现地区生产总值 19 228.0 亿元，按不变价格计算，同比增长 13.4%，比 1 季度回落 3.7 个百分点，与 2019 年同期相比，两年平均增长 4.8%，高于 1 季度 0.2 个百分点。分产业看，第一产业实现增加值 40.4 亿元，同比增长 1.9%，两年平均下降 10.2%；第二产业实现增加值 3 293.2 亿元，同比增长 32.5%，两年平均增长 12.7%；第三产业实现增加值 15 894.4 亿元，同比增长 10.1%，两年平均增长 3.3%。

2021 年上半年，全国 GDP 为 532 167 亿元，按不变价格计算，同比增长 12.7%，两年平均增长 5.3%。其中，第一产业增加值为 28 402 亿元，同比增长 7.8%，两年平均增长 4.3%；第二产业增加值为 207 154 亿元，同比增长 14.8%，两年平均增长 6.1%；第三产业增加值为 296 611 亿元，同比增长 11.8%，两年平均增长 4.9%。2021 年第 2 季度，全国 GDP 为 282 857 亿元，按不变价格计算，同比增长 7.9%，环比增长 1.3%，两年平均增长 5.5%，比 1 季度两年平均增速加快 0.5 个百分点。其中，2021 年第 2 季度第一产业增加值为 17 070 亿元，同比增长 7.6%，拉动经济增长 0.5 个百分点，两年平均增长 5.4%；第二产业增加值为 114 531 亿元，同比增长 7.5%，拉动经济增长 2.9 个百分点，两年平均增长 6.1%；第三产业增加值为 151 257 亿元，同比增长 8.3%，拉动经济增长 4.5 个百分点，两年平均增长 5.1%。

从全国主要省份来看，2021 年上半年，江苏 GDP 两年平均增长 6.9%，比 1 季度加快 0.5 个百分点；上海 GDP 两年平均增长 4.8%，比 1 季度加快 0.1 个百分点；重庆 GDP 两年平均增长 6.6%，比 1 季度加快 1.4 个百分点。

相比而言，首都北京 2021 年上半年 GDP 同比增速高于全国 0.7 个百分点，两年平均增速低于全国 0.6 个百分点；与上海相比，首都北京 2021 年上半年的 GDP 呈现同比增速高于上海 0.7 个百分点、两年平均增速与上海持平的良好态势，且从 GDP 绝对值规模来看，2021 年上半年北京 GDP 规模 19 228.0 亿元，上海为 20 102.53 亿元，二者基本处于同一个增速和规模层次，经济发展竞争态势日益明显。

从产业构成角度来看，2021 年上半年第二产业部门已经成为首都北京经济进入高质量增长阶段的核心支撑力量。北京 2021 年上半年第二产业同比增长 32.5%，两年平均增长 12.7%，远高于全国的 14.8% 和 6.1%，也高于上海的 17.3% 和 3.8%，这种高速增长与北京新冠防疫产品的爆炸式增长密切相关。这就充分证明，北京在培育和发展高精尖制造业方面仍然具有综合优势和巨大发展空间。然而，2021 年上半年北京第三产业同比增速为 10.1%，两年平均增速为 3.3%，既低于全国的 11.8% 和 4.9%，也低于上海的 11.3% 和 5.2%。这说明北京的第三产业已经面临较为严重的发展"天花板"，要维持第三产业部门对北京经济的重要支撑作用，第三产业的结构调整势在必行。

第二，规模以上工业部门已经成为首都北京进入 2021 年以来的超常规发展部门，对首都北京经济高质量发展的引领作用更加突出，表明促进高技术产业和战略性新兴产业主导的高端制造业培育和发展，仍然是首都北京等超大经济规模城市实现高质量发展目标的基础条件。

2021 年上半年，北京市规模以上工业增加值按可比价格计算，同比增长 41.4%，两年平均增长 16.7%，比 1 季度分别提高 3.0 和 8.0 个百分点。重点行业中，医药制造业同比增长 294.5%，两年平均增长 94.2%；计算机、通信和其他电子设备制造业同比增长 25.7%，两年平均增长 20.3%；汽车制造业同比增长 10.4%，两年平均增长 3.4%；电力、热力生产和供应业同比增长 8.0%，两年平均增长 5.4%。高端产业发挥引领作用，高技术制造业、战略性新兴产业增加值同比分别增长 1.3 倍和 1.1 倍，两年平均分别增长 54.4% 和 42.8%，均大幅高于规模以上工业增速。

与全国和上海的数据对比，2021 年上半年，全国规模以上工业增加值同比增长 8.8%，两年平均增长 6.4%，其中制造业增加值同比增长 9.2%，占 GDP 的比重为 28.3%，比 1 季度提高 0.8 个百分点，占比回升态势已延续 3 个季度。2021 年上半年上海规模以上工业增加值同比增长 20.0%，两年平均增长 5.4%。工业战略性新兴产业总产值 7 164.68 亿元，同比增长 19.6%，两年平均增长 12.3%。其中，新能源汽车、新能源和高端装备产值同比分别增长 2.5 倍、32.1% 和 24.5%，两年平均增速分别为 1.6 倍、27.3% 和 6.7%。

由此，可以得到的基本判断是，首都北京工业部门的发展态势在新冠防疫产品的带动下，已经明确表现出远远超过全国平均水平的良好态势。2021 年上半年，北京规模以上工业增加值同比增长 41.4%，两年平均增长 16.7%，远远超过全国的 8.8% 和 6.4%。北京的高端制造业增长态势也远远超过上海，上海规模以上工业增加值同比增速为 20.0%，两年平均增速为 5.4%，北京领先上海的优势非常突出。事实上，只要北京的高端制造业部门在"十四五"期间能够保持相对上海的发展优势，北京的 GDP 规模与上海之间的差距就不会被拉大或者落后于上海。

第三，北京第三产业部门的发展呈现出分化态势。总体来看，首都北京服务业部门经受住全球新冠肺炎疫情冲击，表现出独特的发展韧性，成为保持首都北京经济高质量发展的"基本盘"与"压舱石"。

2021 年上半年，北京第三产业增加值按可比价格计算，同比增长 10.1%，两年平均增长 3.3%。其中，信息传输、软件和信息技术服务业实现增加值 3 500.9 亿元，同比增长 17.2%，两年平均增长 12.7%；金融业实现增加值 3 698.1 亿元，同比增长 5.0%，两年平均增长 5.3%；科学研究和技术服务业实现增加值 1 538.4 亿元，同比增长 5.5%，两年平均增长 0.5%。三个行业对服务业增长的贡献率超过 5 成。

2021 年上半年，全国第三产业增加值同比增长 8.3%，拉动经济增长 4.5 个百分点，两年平均增长 5.1%。其中，批发和零售业，交通运输、仓储和邮政业，住宿和餐饮业，房地产业，金融业，以及信息传输、软件和信息技术服务业恢复和发展较快，增加值同比增速分别为 15.9%、17.0%、21.0%、29.1%、13.6% 和 20.3%，合计拉动经济增长 9.7 个百分点，对经济增长的贡献率达 76.6%。

上海 2021 年上半年第三产业增加值同比增长 11.3%，两年平均增长 5.2%。其中，信息传输、软件和信息技术服务业实现增加值 1 770.06 亿元，同比增长 16.1%，两年平均增长 14.8%；批发和零售业实现增加值 2 428.92 亿元，同比增长 15.2%，两年平均增长 2.2%；金融业实现增加值 3 842.65 亿元，同比增长 7.7%，两年平均增长 7.5%；房地产业实现增加值 1 812.18 亿元，同比增长 13.6%，两年平均增长 6.2%。

江苏 2021 年上半年第三产业实现增加值 29 292.25 亿元，同比增长 11.2%，拉动江苏经济增长 6.1 个百分点，两年平均增长 6.4%。全省三次产业增加值占 GDP 比重分别为 2.9%、44.0% 和 53.1%。与上年同期相比，第二产业比重提高 1.4 个百分点，第一、三产业比重分别下降 0.2、1.2 个百分点。其中，批发和零售业，交通运输、仓储和邮政业，住宿和餐饮业增加值同比分别增长 17.6%、11.5% 和 25.8%，带动服务业稳步恢复。信息传输、软件和信息技术服务业，居民服务、修理和其他服务业继续保持较快增长，增加值同比分别增长 17.3%、17.1%。

对比来看，可以得到的基本判断是：一方面，虽然北京第三产业部门的增长动力得到有效恢复，逐步呈现出与全国平均水平变化趋势基本同步的态势，但是与全国以及重要省份的数据相比，北京第三产业部门恢复能力表现出一定的滞后性特征。重要的证据是，2021 年上半年，北京第三产业增加值两年平均增长 3.3%，落后于全国的 5.1%，也落后于上海的 5.2% 和江苏的 6.4%。另一方面，2021 年上半年北京第三产业增加值同比增长 10.1%，高于全国的 8.3%，说明相比 2020 年新冠肺炎疫情冲击带来第三产业的停滞现象，北京第三产业部门的恢复和发展能力已经处于全国平均水平之上。但是，与上海的 11.3% 和江苏的 11.2% 相比，仍然处于相对落后态势，这可能与北京第三产业部门的规模基数较大有关，北京第三产业增加值绝对规模大于上海和江苏，呈现相对较弱增长态势也是合理现象。

第四，全市固定资产投资的全面爆发性增长，成为拉动首都北京经济快速进入正常发展轨道的核心力量,制造业尤其是高技术制造业、金融业等部门投资的超常规增长,奠定了北京今后的产业发展优势。

2021年上半年,北京固定资产投资(不含农户)同比增长9.2%,两年平均增长3.7%。分产业看,第一产业投资同比下降65.3%,两年平均下降46.1%;第二产业投资同比增长20.5%,两年平均增长31.7%;第三产业投资同比增长9.7%,两年平均增长2.8%。分行业看,制造业投资同比增长31.8%,两年平均增长66.5%,其中高技术制造业投资同比增长38.6%,两年平均增长75.0%;金融业投资同比增长657.4%,两年平均增长72.4%;教育投资同比增长3.5%,两年平均增长18.5%。分领域看,基础设施投资同比下降12.4%,两年平均下降16.3%;房地产开发投资同比增长18.1%,两年平均增长10.8%。

从全国的统计数据来看,2021年上半年,全国的固定资产投资同比增长12.6%,两年平均增速为4.4%,比1—5月份、1—4月份、1季度和1—2月份分别加快0.2、0.5、1.5和2.7个百分点。分产业看,第一产业投资同比增长21.3%,两年平均增速为13.2%,比1季度回落1.6个百分点;第二产业投资同比增长16.3%,两年平均增速为2.9%,比1季度下降0.3个百分点;第三产业投资同比增长10.7%,两年平均增速为4.8%,比1季度加快0.8个百分点。制造业投资同比增长19.2%,高于全部投资6.6个百分点,两年平均增速为2.0%。高技术产业投资同比增长23.5%,两年平均增速为14.6%,比1季度加快4.7个百分点,其中高技术制造业投资同比增长29.7%。民间投资同比增长 15.4%，两年平均增速为 3.8%，比 1 季度加快 2.1 个百分点，其中制造业民间投资同比增长 21.1%。

从上海的统计数据来看，2021 年上半年上海固定资产投资比同增长 10.9%，两年平均增长 8.8%。分领域看，工业投资同比增长 10.5%，两年平均增长 12.7%，其中，制造业投资同比增长 10.1%，两年平均增长 15.0%；房地产开发投资同比增长 11.5%，两年平均增长 9.2%；基础设施投资同比增长 11.2%，两年平均增长 6.6%。

从江苏的统计数据来看，2021 年上半年，江苏固定资产投资同比增长 10.3%，两年平均增长 1.2%。其中，高技术产业投资同比增长 33.4%，拉动全部投资增长 4.6 个百分点。

从重庆的统计数据来看，2021 年上半年，重庆固定资产投资同比增长 9.3%，两年平均增长 4.7%，比 1 季度加快 7.0 个百分点。基础设施投资同比增长 12.2%，两年平均增长 8.1%；工业投资同比增长 15.1%，两年平均增长 4.9%；房地产开发投资同比增长 1.1%，两年平均增长 0.9%。高技术制造业投资同比增长 27.1%，高于工业投资增速 12.0 个百分点，两年平均增长 18.0%，占工业投资比重 26.8%，较上年同期提高 2.5 个百分点，拉动全市工业投资增长 6.6 个百分点，贡献率达到 43.5%。

从广东的统计数据来看，2021 年上半年，广东固定资产投资同比增长 15.8%，两年平均增长 7.7%。分产业看，第一产业投资同比增长 89.8%，两年平均增长 60.6%；第二产业投资同比增长 24.5%，两年平均增长 7.2%；第三产业投资同比增长 12.9%，两年平均增长 7.5%。

制造业投资同比增长 30.4%，两年平均增长 4.6%。高技术制造业投资同比增长 22.4%，两年平均增长 10.5%，其中，电子及通信设备制造业、电子计算机及办公设备制造业、化学药品制造同比分别增长 24.2%、50.9% 和 54.5%。民间投资同比增长 21.1%，其中民间制造业投资同比增长 42.6%。外商及港澳台商投资同比增长 8.3%。

与全国及重要省份的统计数据相比，可以得出的基本判断是：

（1）从整体层面来看，2021 年上半年北京固定资产投资增速低于全国水平，这说明未来一段时期内北京经济增长动力仍然面临较大压力。从细分不同产业部门的角度来看，导致北京 2021 年上半年固定资产增速低于全国水平的主要原因，是第三产业部门固定资产投资动力的持续弱化。2021 年上半年北京第三产业固定资产投资同比增长 9.7%，两年平均增长 2.8%，该指标低于全国层面第三产业投资增长的 10.7% 和 4.8%。倘若 2021 年下半年第三产业固定资产投资动力呈现继续弱化现象，考虑到固定资产投资对经济增速会有 6～8 个月的滞后作用效应，可能会造成北京在 2022 年一段时期内经济增速持续弱化。

（2）与上海相比，2021 年上半年北京固定资产投资水平在总体层面落后于上海，这意味着北京 2021 年下半年的经济增长动力整体将落后于上海，上海在 2021 年的 GDP 规模逐步扩大式地领先于北京的态势难以被扭转。从分领域的角度来看，北京和上海固定资产投资差距主要表现在：一是基础设施领域。2021 年上半年北京的基础设施投资同比下降 12.4%，两年平均下降 16.3%，而上海的数据分别为同比增长 11.2% 和两年平均增长 6.6%，可见上海的基础设施投资，特别是在新型基础设施投资方面，已经全面领先于北京。二是上海第一产业部门投资呈现全面增长态势，北京则呈现萎缩现象。2021 年上半年上海第一产业投资同比增长 26.7％，北京则同比下降 65.3％以及两年平均下降 46.1％。三是上海第三产业部门的投资动力全面领先于北京。2021 年上半年上海第三产业投资同比增长 11.0％，领先于北京的同比增速 9.7％。

（3）2021 年上半年北京高端制造业固定投资增速位于全国领先地位，说明北京正处于产业结构转型的关键时期。高端制造业的快速增长成为北京经济高质量发展动力的核心来源，决定着北京在"十四五"期间 GDP 增速的基本走势。2021 年上半年，北京制造业投资同比增长 31.8％，两年平均增长 66.5％，其中高技术制造业投资同比增长 38.6％，两年平均增长 75.0％，全面领先于上海的制造业投资同比增长 10.1％，两年平均增长 15.0％；全面领先于广东的高技术制造业投资同比增长 22.4％，两年平均增长 10.5％；全面领先于江苏的高技术制造业同比增长 28.9％。

（4）北京的金融业固定资产投资呈现爆发式增长态势，意味着金融业作为北京经济最大支柱产业的功能得到进一步强化。2021 年上半年北京金融业投资同比增长 657.4％，两年平均增长 72.4％。随着北京城市副中心绿色金融中心和丽泽金融商务区基地等的加快建设及重大项目落地，北京在"十四五"开局之年迎来了金融业高质量发展的重大契机，这也决定了金融业在北京"十四五"期间对 GDP 和税收的贡献地位有所保障。

第五，2021 年第 2 季度，北京消费呈现加速恢复增长势头，无论是从服务性消费还是社会消费品角度来看，北京的总体消费能力已经基本从新冠肺炎疫情冲击后恢复过来，加速恢复增长态势愈加明显。同时，在经历了新冠肺炎疫情冲击之后，北京的消费形态和消费结构正在发生深刻变化，北京城市副中心和北京南部的消费中心格局正在崛起，以满足国内内需为主导的国际消费中心城市枢纽地位正在逐步成型。

2021 年上半年，北京市场总消费额同比增长 22.1%，两年平均增长 3.0%。其中，服务性消费额同比增长 23.1%，两年平均增长 5.2%；实现社会消费品零售总额 7 227.5 亿元，同比增长 21.0%，两年平均增长 0.6%。在社会消费品零售总额中，分消费类型看，商品零售 6 666.3 亿元，同比增长 18.2%，两年平均增长 1.1%；餐饮收入 561.2 亿元，同比增长 68.0%，两年平均下降 4.9%，降幅比 1 季度收窄 4.2 个百分点。分商品类别看，限上批发零售业中，通讯器材类、日用品类和文化办公用品类商品零售额同比分别增长 31.3%、28.4% 和 24.6%，两年平均分别增长 33.7%、18.4% 和 5.3%。网上消费快速增长，限上批发零售业、住宿餐饮业实现网上零售额 2 414.6 亿元，同比增长 24.6%，两年平均增长 25.2%。

从全国的统计数据来看，2021 年上半年，社会消费品零售总额 211 904 亿元，同比增长 23.0%，两年平均增长 4.4%，比 1 季度加快 0.2 个百分点。其中，2 季度社会消费品零售总额同比增长 13.9%，两年平均增长 4.6%。6 月份，社会消费品零售总额 37 586 亿元，同比增长 12.1%，两年平均增长 4.9%，环比增长 0.7%。2021 年上半年，按经营地分，城镇社会消费品零售总额 184 098 亿元，同比增长 23.3%，两年平均增长 4.4%；乡村社会消费品零售总额 27 807 亿元，同比增长 21.4%，两年平均增长 4.0%。按消费类型分，商品零售 190 192 亿元，同比增长 20.6%，两年平均增长 4.9%；餐饮收入 21 712 亿元，同比增长 48.6%，规模与 2019 年上半年基本持平。按商品类别分，限上单位 16 个商品类别同比增速均超过 10%，其中七成以上商品类别同比增速超过 20%。从两年平均增速看，除石油及制品类商品外，其他商品类别商品零售额均为正增长，其中体育、娱乐用品类，通讯器材类，化妆品类，文化办公用品类等 9 类商品零售额两年平均增速超过 10%。全国网上零售额 61 133 亿元，同比增长 23.2%，两年平均增长 15.0%，比 1 季度加快 1.5 个百分点。其中，实物商品网上零售额 50 263 亿元，同比增长 18.7%，两年平均增长 16.5%，比 1 季度加快 1.1 个百分点，实物商品网上零售额占社会消费品零售总额的比重为 23.7%，比 1 季度提高 1.8 个百分点。

从上海的统计数据来看，2021 年上半年，上海社会消费品零售总额 9 048.44 亿元，同比增长 30.3%，两年平均增长 7.6%。限上批发和零售业零售额 8 287.13 亿元，同比增长 28.4%，两年平均增长 8.3%；住宿餐饮业零售额 761.31 亿元，同比增长 54.0%，两年平均增长 0.1%。分商品类别看，金银珠宝类、化妆品类和通讯器材类等消费升级类商品零售额分别同比增长 72.4%、24.0% 和 19.2%，两年平均分别增长 25.0%、26.6% 和 8.0%。实体店铺经营明显回暖，限上实体店商品零售额同比增长 33.7%，两年平均增长 9.1%。网上零售额

1 485.72 亿元，同比增长 21.2%，两年平均增长 12.8%，占社会消费品零售总额的比重为 16.4%。

通过以上数据的梳理和对比分析，可以得到的重要判断是：一方面，如图 1 所示，进入 2021 年 1 月，首都北京社会消费品零售总额同比增速出现了由负转正的关键转折态势，之后首都北京社会消费品零售总额同比增速呈现相对比较稳定的正增长态势。另一方面，值得担忧的是，在首都北京的人口总量控制政策及非首都功能疏解效应的双重冲击之下，北京人口绝对规模在特定时期内的相对收缩，必然会对北京的消费恢复能力造成滞后影响。2021 年上半年上海社会消费品零售总额同比增长 30.3%，两年平均增长 7.6%，要显著高于北京的同比增长 21.0% 和两年平均增长 0.6%，且 2021 年上半年上海社会消费品零售总额为 9 048.44 亿元，远远高于北京的 7 227.5 亿元，反映出上海打造国际消费中心城市的综合优势已经全面超过北京。

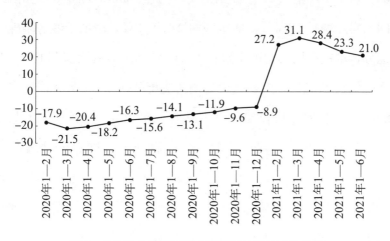

图 1　北京社会消费品零售总额累计增速变化趋势

第六，2021 年首都北京的居民可支配收入位于全国第二，中等收入群体的比重比较稳定，居民收入可持续增长动力机制仍较为稳固，彰显出北京独特的高收入水平和产业结构，打造国际消费中心城市的基础良好。但 2021 年上半年北京居民可支配收入的增长速度小幅落后于全国水平，也落后于上海、江苏和浙江等经济发达地区。

2021 年上半年，北京居民人均可支配收入 38 138 元，同比名义增长 10.3%，两年平均增长 6.1%；扣除价格因素，同比实际增长 9.8%，两年平均增长 4.4%。具体来看，四项收入全面增长：工资性收入同比名义增长 12.8%，经营净收入同比名义增长 14.9%，财产净收入同比名义增长 9.0%，转移净收入同比名义增长 4.0%。

从全国的统计数据来看，2021 年上半年，全国居民人均可支配收入 17 642 元，同比名义增长 12.6%，主要是受到 2020 年上半年低基数的影响，两年平均增长 7.4%，比 1 季度加快 0.4 个百分点；扣除价格因素同比实际增长 12.0%，两年平均增长 5.2%，略低于经济增速。按常住地分，城镇居民人均可支配收入 24 125 元，同比名义增长 11.4%，同比实际增长 10.7%；农村居民人均可支配收入 9 248 元，同比名义增长 14.6%，同比实际增长 14.1%。从收入来源看，全国居民人均工资性收入、经营净收入、财产净收入、转移净收入同比分别名义增长 12.1%、17.5%、15.0%、9.0%。城乡居民人均收入比值 2.61，比上年同期缩小 0.07。全国居民人均可支配收入中位数 14 897 元，同比名义增长 11.6%。

从上海的统计数据来看，2021 年上半年，上海居民人均可支配收入 40 357 元，同比名义增长 10.3%，增速比 1 季度提高 0.5 个百分点，两年平均增长 6.9%。其中，城镇常住居民人均可支配收入 42 348 元，同比增长 10.1%，两年平均增长 6.7%；农村常住居民人均可支配收入 22 535 元，同比增长 13.2%，两年平均增长 8.9%。2021 年上半年，上海新增就业岗位 40.23 万个，比 2020 年同期增加 13.11 万个。

综合分析以上数据，可以得到的重要判断是：

一方面，北京居民人均可支配收入始终处于稳定增长态势。2021 年上半年，北京居民人均可支配收入 38 138 元，同比名义增长 10.3%，两年平均增长 6.1%；扣除价格因素，同比实际增长 9.8%，两年平均增长 4.4%。无论是从当年同比名义和实际增速来看，还是从两年平均增速来看，与上海居民人均可支配收入同比名义增速 10.3% 和两年平均增长 6.9% 保持了比较突出的变化一致性，这说明北京的经济结构可以在中长期支撑居民可支配收入的增长态势。

另一方面，北京与上海居民可支配收入之间呈现出稳定差距，说明北京和上海之间的产业结构存在较为突出的差异性，同时也说明随着北京高精尖产业结构的推进和实现，北京居民可支配收入仍然有进一步提升发展空间，维持在全国前列。2021 年上半年北京和上海居民人均可支配收入分别为 38 138 元和 40 357 元，2020 年全年分别为 69 434 元和 72 232 元，2019 年全年分别为 67 756 元和 69 442 元，显示出北京与上海居民可支配收入之间的稳定差距，并且这些差距即便在新冠肺炎疫情冲击期间也未有多大变化。这就说明北京的中等收入群体具有相当程度的稳定性，对北京启动国际消费中心城市起到了"压舱石"作用。

　　此外，值得关注的一个突出现象是，北京和上海这两个超大规模城市，在经历新冠肺炎疫情冲击后，均出现了居民消费力（居民消费支出与居民可支配收入的比值）下降的现象。在 2019 年，北京和上海的消费力数值分别为 63.52％ 和 65.67％，上海超过北京 2.15 个百分点。而 2020 年北京和上海的消费力数值分别为 56.03％ 和 58.89％，2021 年上半年北京和上海的消费力数值分别为 56.54％ 和 56.49％。这说明新冠肺炎疫情对北京和上海的消费能力和消费意愿均产生了突出的负面冲击效应，即便在 2021 年上半年，这两个城市的消费力指标数值也均未恢复到 2019 年水平。如何尽快促进消费力恢复到疫情前水平，是北京和上海两大城市今后一段时期必须着力解决的重点问题之一。

　　第七，2021 年以来，首都北京呈现消费价格低位运行以及工业生产者出厂价格和购进价格倒挂的双重现象。一方面，成本推动型的交通通信类消费产品价格上涨，成为推动北京居民消费价格指数上涨的主导因素；另一方面，进入 2021 年第 2 季度，北京工业生产者购进价格大于出厂价格的现象逐步凸显，可能会对下半年北京工业部门的利润创造能力造成一定压力。

　　2021 年上半年，北京居民消费价格同比上涨 0.5％。其中，消费品价格上涨 0.6％，服务价格上涨 0.4％。八大类商品和服务价格"四升四降"：交通通信类价格上涨 2.9％，其他用品和服务类价格上涨 0.9％，居住类价格上涨 0.6％，食品烟酒类价格上涨 0.5％；衣着类价格下降 0.3％，生活用品及服务类价格下降 0.3％，教育文化娱乐类价格下降 0.7％，医疗保健类价格下降 0.7％。其中 6 月份居民消费价格同比上涨 0.9%，涨幅比上月回落 0.3 个百分点，环比下降 0.4%。2021 年上半年，北京工业生产者出厂价格同比上涨 0.5%，工业生产者购进价格同比上涨 1.3%。6 月份，工业生产者出厂价格同比上涨 1.8%，环比上涨 0.1%；工业生产者购进价格同比上涨 5.0%，环比下降 0.3%。

从全国的统计数据来看，2021 年上半年，全国居民消费价格同比上涨 0.5%，与 1 季度同比持平。其中 6 月份全国居民消费价格同比上涨 1.1%，涨幅比 5 月份回落 0.2 个百分点，环比下降 0.4%。2021 年上半年，城市居民消费价格上涨 0.6%，农村居民消费价格上涨 0.4%。分类别看，食品烟酒类价格同比上涨 0.4%，衣着类价格同比持平，居住类价格上涨 0.2%，生活用品及服务类价格上涨 0.1%，交通通信类价格上涨 1.9%，教育文化娱乐类价格上涨 0.9%，医疗保健类价格上涨 0.3%，其他用品及服务类价格下降 1.1%。在食品烟酒类价格中，猪肉价格下降 19.3%，粮食价格上涨 1.2%，鲜果价格上涨 2.6%，鲜菜价格上涨 3.2%。扣除食品和能源价格后的核心 CPI 上涨 0.4%，与 1 季度同比持平。全国工业生产者出厂价格同比上涨 5.1%，涨幅比 1 季度扩大 3.0 个百分点，其中 6 月份同比上涨 8.8%，涨幅比 5 月份回落 0.2 个百分点。全国工业生产者购进价格同比上涨 7.1%，涨幅比 1 季度扩大 4.3 个百分点，其中 6 月份同比上涨 13.1%，环比上涨 0.8%。

从上海的统计数据来看，2021 年上半年，上海居民消费价格同比上涨 0.7%，涨幅比 1 季度扩大 0.4 个百分点。分类别看，交通通信类价格上涨 2.0%，教育文化娱乐类价格上涨 1.5%，居住类价格上涨

1.0%，食品烟酒类价格上涨 0.5%，生活用品及服务类价格上涨 0.2%，其他用品及服务类价格上涨 1.1%，衣着类价格下降 0.6%，医疗保健类价格下降 2.1%。2021 年上半年，上海工业生产者出厂价格同比上涨 0.8%，而 1 季度同比下降 0.8%；工业生产者购进价格同比上涨 4.0%，而 1 季度同比下降 0.1%。

综合分析以上数据，可以得出的基本判断是：

一方面，总体来看，2021 年上半年北京居民消费价格指数呈现出温和增长态势，与全国和上海等重点地区呈现出一致的变化态势。导致 2021 年上半年北京居民消费价格指数温和增长的主导力量，是交通通信类消费产品价格指数上涨了 2.9%。同期，全国和上海交通通信类消费产品的价格指数分别上涨 1.9% 和 2.0%。三者呈现出共同上涨趋势，说明 2021 年上半年，成本推动型的交通通信类消费产品领域面临价格上涨冲击，是此轮北京居民消费产品价格上涨的主要推动力量。

另一方面，值得关注的信息是，在 2021 年 6 月份，北京工业生产者出厂价格同比上涨 1.8%，而购进价格同比上涨 5.0%。工业生产购进价格与出厂价格的倒挂现象，会引起 2021 年下半年北京工业部门利润受到进一步挤压，进而传导和影响到北京工业部门的投资动力。与全国和上海相比，北京工业生产者购进价格和出厂价格的倒挂现象相对较轻，全国 2021 年 6 月工业生产者购进价格与出厂价格同比上涨分别为 13.1% 和 8.8%。

第八，2021 年上半年，北京财政收入能力已经基本上全面恢复，逐步进入正常增长轨道之中，预计 2021 年全年北京财政收入能够基本摆脱 2020 年新冠肺炎疫情负面冲击，处于正增长态势之中。然而也要看到，在北京财政支出结构中，侧重教育和医疗卫生的同时，对"十四五"规划中强化基础研究、高精尖产业体系和关键核心技术创新突破能力方面的财政投入重视程度不够，投入不足，这必然会严重制约北京今后一段时期内经济结构性潜在增长率的提升空间。

2021 年上半年，北京一般公共预算收入完成 3 254.4 亿元，同比增长 15.3%，自 3 月份起，已连续 4 个月保持两位数增长态势，完成年度预算的 57.6%，超时间进度 7.6 个百分点。其中，税收收入完成 2 776.6 亿元，同比增长 15.8%。增值税、企业所得税、个人所得税三大主体税种均实现两位数增长，合计完成 2 098.6 亿元，同比增长 16.1%。其中增值税同比增长 16%，连续 5 个月保持两位数增长态势，主要是受全市工业、服务业增加值持续增长带动；企业所得税同比增长 16.5%，连续 3 个月增幅超过 10%，主要得益于信息科技、汽车和疫苗生产制造等领域企业利润稳步增长；个人所得税同比增长 15.4%，主要是居民收入增长及股权转让等财产性收入增加带动。

从支出方面来看，2021 年上半年，北京一般公共预算支出完成 3 714.0 亿元，同比增长 0.6%，完成年度预算的 53.5%，超时间进度 3.5 个百分点。其中，教育支出完成 520.1 亿元，同比增长 16.7%，主要用于加快改善各类学校基础设施，提高学校办学保障条件，继续支持大学生创业、就业，推进教师培训，等等。文化体育与传媒支出完成 87.3 亿元，同比增长 6%，主要用于开展重大主题宣传、党史展览等相关文化活动，加快推动中轴线申遗、"一城三带"重点文物保护及冬奥会筹办事项等。医疗卫生支出完成 315.8 亿元，同比增长 7.5%，主要用于继续支持疫情防控，推动疫苗接种加快进度，支持示范性研究型病房建设，进一步强化首都医疗创新优势，加大冬奥医疗保障投入。

综合以上数据，可以得出的重要判断是：

一方面，2021 年上半年北京的财政收入为 3 254.4 亿元，与 2019 年上半年的 3 170.9 亿元相比，正增长金额为 83.5 亿元。这表明北京的财政收入能力可能初步摆脱了新冠肺炎疫情的负面冲击，进入正常轨道。然而，与全国重点经济发达省份相比，北京 2021 年上半年相比 2019 年上半年的财政收入增幅小于上海、江苏、广东、浙江和山东等省份，说明北京的财政收入恢复动力仍然面临相当大的产业结构因素制约，今后面临的可持续增长压力问题仍然非常突出。

另一方面，2021 年上半年，北京的财政支出主要侧重和倾向于教育、医疗卫生等关键民生领域，对强化首都的四个功能定位能力、提升首都北京的高标准治理能力、维护首都新冠肺炎疫情安全防护能力，起到了重要的支撑作用。然而，不容忽略的是，2021 年是北京"十四五"规划的开局之年，针对北京"十四五"规划中提出的强化以原始创新和颠覆性技术创新为主导的基础研究自主能力、促进全球领先的高精尖产业体系的培育和提升、塑造重点产业链的关键核心技术突破等方面的重点任务，需要政府财政投入提供全面、强大的支持。北京在这些方面的重视程度不够以及带来的财政投入不足问题，必将进一步制约北京今后一段时期内的高质量增长动力机制的形成，弱化结构性潜在增速的提升空间。

第九，2021 年上半年，北京出口延续了高速增长态势，这是由新冠肺炎疫情相关的防疫产品出口大幅度增长推动的。北京在货物和服务出口以及吸引外资方面的优势长期落后于上海，表明北京需要进一步提升出口能力和外资吸引能力。

2021 年上半年，北京实际利用外资 86.7 亿美元。货物进出口总额达到 14 241.04 亿元人民币，同比增长 26.02%，以美元计价则为 2 195.47 亿美元，同比增长 36.08%。其中，出口额为 2 930.53 亿元人民币，同比增长 18.15%，以美元计价则为 451.62 亿美元，同比增长 27.70%；进口额为 11 310.51 亿元人民币，同比增长 28.23%，以美元计价则为 1 743.85 亿美元，同比增长 36.44%。

2021 年上半年，上海外商直接投资实际到位金额 124.48 亿美元，同比增长 21.1%，两年平均增长 13.0%。其中，第三产业外商直接投资实际到位金额同比增长 21.8%，占全市的比重为 95.9%。上海货物进出口总额为 18 827.89 亿元，同比增长 19.0%。其中，进口额为 11 790.10 亿元，同比增长 25.4%；出口额为 7 037.79 亿元，同比增长 9.6%。从进出口企业看，民营企业进出口同比增长 35.5%，外商投资企业进出口同比增长 13.9%，国有企业进出口同比增长 14.4%。从进出口商品类别看，高新技术产品进出口同比增长 6.1%，机电产品进出口同比增长 14.7%。

对比北京和上海的相关统计数据，可以得出的基本判断是：

北京 2021 年上半年的进出口总额为 14 241.04 亿元人民币，低于上海的货物进出口总额 18 827.89 亿元。北京出口额和进口额分别为

2 930.53 亿元和 11 310.51 亿元，均低于上海的 7 037.79 亿元和 11 790.10 亿元。对比可以发现，北京和上海的进口额差距较小，北京的出口额显著低于上海。这表明北京在高精尖产品特别是优势高精尖制造产品方面的能力仍然有待提高，在"十四五"期间，北京必须将自己逐步打造成为全国高精尖产品特别是优势高精尖制造产品的出口基地。同时，北京在吸引外资能力方面，已经在较长时期内滞后于上海，如何利用北京的"两区"建设机会，夯实北京对外资特别是高端制造业方面对外资的吸引力，这是今后一段时期内北京必须强化的对外开放能力。

二、"十四五"期间北京着重提升结构性经济潜在增速的必要性、核心任务和可行途径

（一）如何科学认识"十四五"期间北京经济高质量发展进程中最为突出、最为根本性、最为全局性的问题？如何在"十四五"期间将北京经济增速水平保持在相对合理区间？

如何看待北京全面进入"十四五"规划开局之年宏观经济层面暴露出的一系列重大问题？表面上来看，北京面临的是全球新冠肺炎疫情冲击造成的短期 GDP 增速下滑现象，以及促进短期经济增速向潜在增速收缩的重点任务。然而深层次来看，北京 GDP 实际增速持续下降，背后可能隐含的是北京地区层面的经济结构、产业结构以及关键要素结构等一系列结构性扭曲问题，出现了结构性改革动力相对滞后的现象，进

而导致北京经济潜在增长过早过快下滑。因此，北京在今后一段时期内的核心任务是，如何采取有效的系统性结构性改革政策，来促进地区内经济结构性潜在增速稳定和提升。

由图 2 所展示的 2005—2021 年期间北京实际 GDP 增速的变化趋势来看，自 2005 年开始，北京的实际 GDP 增速就处于持续下滑通道之中。然而，如何理解自 2005 年以来北京实际 GDP 增速持续下滑现象背后的核心因素？似乎得到较多学者认可的原因是，随着一国或地区 GDP 规模的持续扩大，由于维持一国或地区经济增长的各种要素资源均存在要素报酬边际递减规律，必然存在一国或地区 GDP 规模持续扩张所伴随的 GDP 实际增速递减现象。然而，这种理论假说存在的问题是，从大多数发达国家的发展经验来看，在经济经历要素报酬边际递减规律之前，必然存在一个较长时期的要素报酬边际稳定阶段，这就会导致那些正处于由中等收入国家向高收入转化或由初高收入向中高收入地区转变发展阶段的国家或地区，在其经济发展过程中必然有相当一段时期内呈现出经济潜在增速相对稳定的特定发展阶段。

2005 年北京人均 GDP 约为 5 457 美元，至 2019 年北京人均 GDP 约为 2.4 万美元，在此阶段中，北京实现了从低收入地区发展成为中等收入地区，再逐步发展到初高收入地区。但是，2.4 万美元的人均 GDP 发展状况离发达国家平均 4.5 万美元的人均 GDP 水平仍然有相当差距，倘若与发达国家首都的人均 GDP 水平相比，落后差距就更为突出。由此可以得出判断，北京正处于由初等高收入地区发展成为中等高收入地区的关键时期，在此特定的发展阶段中，北京并不必然存在由于要素报酬边

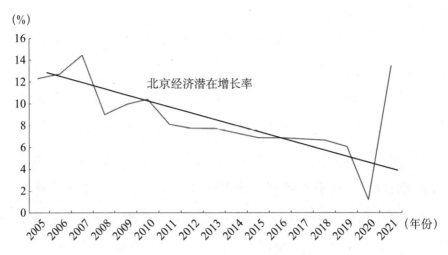

图 2　北京 2005—2021 年实际 GDP 增速变化趋势

际递减规律所导致的经济潜在增速持续下滑的现象。

　　然而与主要发达国家的首都经济发展过程特征对比，从北京当前所处的人均 GDP 发展水平的阶段性特征来看，北京可能存在经济潜在增长率过早过快下滑现象。北京的经济潜在增速具有与自身的经济结构、产业结构和要素结构相互制约、相互支撑、相互决定的基本特性，即不同的经济结构以及经济结构内部的不同结构决定着不同的经济潜在增速水平，可概括为结构性经济潜在增速。

（二）高度重视提升结构性经济潜在增长理论对正确把握北京在"十四五"期间乃至到 2035 年保持合理 GDP 增速水平的重大指导价值

　　"十四五"期间，我国处于依靠结构性改革来稳定和提升结构性潜在增速的关键时期，面临促进短期内经济增速向潜在增速收缩和依靠深入推进结构性改革来稳定和提升结构性潜在增速的两难权衡问题,因此,如何理解"十四五"期间各项改革任务的立足点,特别是统筹考虑当前阶段我国所面临的产业链、供应链、创新链和技术链安全问题,就成为推动我国经济高质量发展的基础性理论和政策实践问题。是尽快促进当前我国短期经济增速向潜在增速收缩,还是加速促进需求牵引供给、供给创造需求的更高水平动态平衡的新发展模式,为我国经济结构性潜在增长率稳定和提升创造机会,这是"十四五"开局之年需要科学决策和重点关注的重大发展任务。

可以通过构建结构性经济潜在增速的理论假说来理解我国经济的基础。按照既有的西方经济学理论体系,国家层面的经济潜在增长率(自然增长率)是指一国(或地区)经济所能生产出的最大数量产品和劳务总量的增长率,或者说一国(或地区)在各种要素资源得到最优和充分配置条件下所能达到的最大经济增长率。这里定义的资源,既包括各种自然资源,也包括人力资源、技术进步能力以及国家或企业层面管理能力,还包括制度安排和经济政策。然而,其中包含一个严格假设前提,就是该国的经济体中不存在任何结构性改革的空间,已经处于市场经济的最优状态。很显然,这个理论假说应该最适合于解释处于市场机制较为完善状态中的发达经济体,而对那些始终处于结构性变化和改革进程中的发展中国家而言,该理论的解释力就面临极大的问题和挑战。

我们提出的理论假说是结构性经济潜在增速概念,是针对发展中国家而言,一国的经济潜在增速始终处于动态变化过程之中,而导致经济潜在增速呈现动态变化特征的决定性因素,是由于一国具有的不同状态水平的经济结构特征（如图 3 所示）。其核心逻辑就是，一国包含供给侧结构性和需求侧结构性水平状态信息的经济总结构特征及其动态变化特征，决定了一国具有动态变化特性的经济潜在增速。

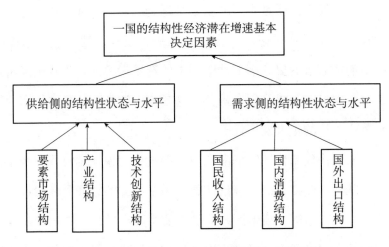

图 3 一国的结构性经济潜在增速基本决定因素

其中，一国的结构性经济潜在增速基本决定因素可以分解为供给侧的结构性状态与水平＋需求侧的结构性状态与水平，而供给侧的结构性状态与水平可进一步分解为要素市场结构＋产业结构＋技术创新结构。一方面，就一国的产业结构而言，核心问题在于两个层面：一是一国的制造业增加值占 GDP 的比重决定着结构性经济潜在增速。稳定制造业增加值占 GDP 的比重，就意味着将一国的结构性经济潜在增速维持在一个合理水平。二是第三产业部门中与实体经济需求紧密结合的高端生产性服务业增加值占第三产增加值的比重，稳定该比重，就可以通过促进以制造业为主的实体经济部门和高端生产性服务业部门相互支撑型发展模式的形成，从而稳定一国的结构性经济潜在增速水平。相反，如果发生了第三产业部门金融泡沫化现象以及房地产泡沫现象，则很有可能降低一国的结构性经济潜在增速水平。另一方面，要素市场结构是连接要素链和创新链、要素链和产业链、要素链和供应链的核心枢纽，决定着企业技术创新能力的成本和效率，也决定着国家产业结构的基本能力和运行效率，因此，是决定一国的结构性经济潜在增速水平的核心因素。针对技术创新结构而言，可以将其区分为国家战略科技力量和企业技术创新能力两个因素。其中，国家战略科技力量决定一国的原始创新、基础研究能力，以及颠覆性技术创新和关键共性技术创新能力，进而决定一国高端制造业和战略性新兴产业的全球竞争优势，从长期角度决定一国的经济潜在增速；而企业技术创新能力决定了企业创造附加值的能力，从短期角度决定一国的经济潜在增速。

更为重要的理论基础是，在一国内部的不同地区之间，也存在着具有异质性特征的、动态变化性质的结构性经济潜在增速水平。与一国层面的结构性经济潜在增速水平的含义所不同，地区层面的结构性经济潜在增速水平更具有动态变化特征。这是因为，一国边界内的各种关键要素资源具有国家边界性质的最大界限，而一国内部不同地区之间的关键要素资源存在相对较少制度性障碍的流动和转移特征，从而导致一国内部不同地区之间的经济潜在增长率存在显著的异质性特征和动态变化特性。

依据以上的理论分析，可以发现，当前发展阶段导致北京地区的结构性经济潜在增长水平发生过早过快下滑苗头现象的核心因素及其内在机制在于：

第一，北京当前阶段以服务业为主的产业结构特征，难以支撑北京拥有更高水平的结构性经济潜在增速。按照一般的发展规律，在一国或地区层面的产业结构中，相比第一产业和第三产业部门，第二产业特别是第二产业部门中的制造业部门，通常既具有较高的劳动生产率和全要素生产率水平，也具有较高的劳动生产率和全要素生产率水平的提升空间。然而，从北京的三次产业结构特征来看，2000 年北京的三次产业结构为 2.5∶32.7∶64.8，2020 年的三次产业结构为 0.4∶15.8∶83.8。从 2000 年到 2020 年北京产业结构的变化特征来看，这 20 年间最大的变化特征是以服务业为主的第三产业部门增加值占 GDP 比重由 2000 年的 64.8％持续上升到 2020 年的 83.8％。这就必然会对北京劳动生产率和全要素生产率提升空间造成极大的制约，从而对北京地区的结构性经济潜在增长率水平及其提升空间产生较为突出的负面冲击和制约效应。

第二，北京现有的趋向老龄化特征的人口结构以及严格限制人口进入的管制政策，也难以支撑北京拥有更高水平的结构性经济潜在增速。依据第七次全国人口普查的统计数据信息，截至 2020 年 11 月 1 日 0 时，北京常住人口为 2 189.3 万人，与 2010 年（第六次全国人口普查数据）的 1 961.2 万人相比，十年增加 228.1 万人，平均每年增加 22.8 万人，年平均增长 1.1％。比 2000 年到 2010 年的年平均增长率 3.8％下降 2.7 个百分点。2020 年北京常住人口中，0～14 岁人口 259.1 万人，占 11.9％。15～59 岁人口 1 500.3 万人，占 68.5％。60 岁及以上人口 429.9 万人，占 19.6％，其中，65 岁及以上人口 291.2 万人，占

13.3％。与 2010 年相比，0～14 岁人口比重上升 3.3 个百分点；15～59
岁人口比重下降 10.4 个百分点；60 岁及以上人口比重上升 7.1 个百分
点，其中 65 岁及以上人口比重上升 4.6 个百分点，人口老龄化程度进
一步加深。2020 年北京常住人口中，具有大学（大专及以上）文化程
度的人口为 919.1 万人。与 2010 年相比，每 10 万人中具有大学文化程
度的由 31 499 人上升为 41 980 人，15 岁及以上常住人口的平均受教育
年限由 11.7 年提高到 12.6 年。事实上，针对北京而言，人口教育素质
结构的变化，难以抵消人口年龄结构变化带来的巨大负面冲击。

第三，北京既有的创新投入结构特征，也难以支撑北京拥有更高水
平的结构性经济潜在增速。一方面，2021 年上半年，北京工业部门的
大中型重点企业研究开发费用额为 163.0 亿元，科学研究和技术服务业
部门的大中型重点企业研究开发费用额为 105.9 亿元，同期，信息传
输、软件和信息技术服务业大中型重点企业研究开发费用额为 879.1 亿
元。对比这些数据可以看出，在北京的产业部门中，研发投入相对较多
的是第三产业部门中的信息传输、软件和信息技术服务业，而工业部门
的创新研发投入相对过低。另一方面，2018 年北京研发经费占 GDP 比
重约为 5.7％，远高于全国 2.18％的平均水平。北京的基础研究经费占
R&D 经费的比重约为 15％，北京地区的国家重点实验室等国家科技创
新基地占全国 1/3 左右，已经运行、在建、拟建的国家重大科技基础设
施 19 个。然而，更要看到的是，以上数据背后反映出的深层次问题是，
作为供给侧部门中的核心部门——工业部门的创新研发投入规模远远不
足，将基础研究转化为产业发展能力的应用开发研究、中间试验研究、

工程化研究投入也相对不足。由此说明，北京并未具备将自主创新能力转化为现实产业部门的综合优势，并不能对北京拥有更高水平的结构性经济潜在增速形成有效支撑动力机制。

第四，北京既有的投资结构，也难以支撑北京拥有更高水平的结构性经济潜在增速。"十四五"期间首都北京高质量投资中可能存在一系列突出的结构性问题，诸如北京的战略性新兴产业投资比例仍然较低，尚未在北京有效形成高质量投资→税收可持续增长→高质量投资的闭环发展体系，这会在一定程度上影响北京今后的税收可持续增长能力，必然也会阻碍北京高质量经济增长内生动力的加速形成机制，更会影响未来北京的结构性经济潜在增长水平。综合分析北京在 2021 年推出的"3个100"重点工程的投资内容来看，可以发现其中可能隐含一系列连带性突出问题，例如在北京的投资结构中，与提升科技创新自主能力和发展高精尖产业体系领域相关的重大项目投资比重仍然相对较低，而与民生改善和基础设施建设等领域相关的重大项目推进迅速，这意味着北京在民生改善型投资、功能强化型投资、质量增进型投资方面的能力得到充分提升，而在发展驱动型投资方面的能力还有待加强。

因此，尽快落实北京"十四五"规划中部署的各项核心结构性改革举措，同时推进需求侧和供给侧结构性改革，促进二者之间相互支撑式新发展模式的形成，减缓和控制北京地区的经济潜在增长率不合理的下滑趋势，塑造未来一段时期内相对较高水平的经济潜在增长率，在较长时期将之维持或提升到一个较高的稳定合理水平，应该是北京今后一段时期内必须主动推动的经济结构性改革的根本性目标。

（三）北京在"十四五"期间制定和落实改革工作任务的次序和具体途径

针对北京在"十四五"期间迫切需要全力应对和逐步解决的核心问题，我们所担心的是：

一方面，按照我国各级政府制定和实施"十四五"规划的通行和惯例做法，在五年规划的第一年制定总体规划以及各项具体执行规划，在五年规划的第二年才开始真正落实规划中的各项举措。在以往的五年规划实施过程中，这些惯例做法带来的负面问题并不显著。然而，在我国已经全面进入结构性改革深水区的情形下，针对"十四五"规划期间的各项重大改革举措而言，其核心目标是通过加快推进供给侧结构性改革和需求侧结构性改革，依靠塑造需求牵引供给、供给创造需求的良性循环发展机制，进而遏制住经济潜在增速过早过快下滑的苗头，促进结构性经济潜在增速的稳定和提升。因此，惯例做法所造成的负面问题非常突出，很有可能会导致包括北京在内的我国各级政府延缓和错失依靠结构性改革推动结构性经济潜在增速的发展契机，迫使我国在愈加复杂的国内外经济形势下面临更大的经济下行压力。

另一方面，将当前阶段我国经济所面临的国内外形势与以往形势相比，尤为具有本质性的差异。尤其是美国等西方发达国家针对我国实施的科技创新全面封锁策略以及针对我国高科技产业和战略性新兴产业链的围堵策略，对保障我国经济发展安全带来巨大挑战，迫切需要各级政府尽一切可能优先采取有效的应对措施。倘若各级政府仍然按照以往的五年规划实施逻辑，在 2022 年才全面启动和落实"十四五"规划的核心政策，或者是仍然将注意力集中在应对 2020 年新冠肺炎疫情对地方经济带来的短期负面冲击方面，而对切实落实"十四五"规划既定的核心改革举措重视不够，很有可能造成的问题是：一是在愈加复杂的全球经济发展权"零和博弈"式的残酷竞争格局中，错失我国保障自身产业链、供应链、创新链、技术链安全的战略机会，甚至压缩我国主动应对经济封锁策略自主能力的战略空间，迫使在"十四五"期间我国经济高质量发展陷入更加被动的格局中；二是各级政府在采用政府主导型干预政策来促进重点产业链的关键核心技术创新突破的进程中，会进一步固化甚至加剧政府过度干预市场机制的发展体制，从而对要素市场化改革特别是创新要素市场化改革形成阻碍效应，降低结构性经济潜在增长率。

有鉴于此，北京在今后一段时期内推进结构性经济潜在增速水平稳定和提升的具体工作重点任务和改革次序是：

第一，优化和强化以构建高精尖产业体系为主导的高质量投资结构，应该是北京在"十四五"期间始终最为优先的工作重点任务，应该列在各项改革工作的首要位置。

第二，强化布局国家战略科技力量＋企业技术创新能力主导的自主创新能力体系。北京不能仅仅局限于重视国家重点实验室、国家工程中心或大学等专业化科研机构，还要注重政产学研的贯通体系作用。在部分地方政府看来，既然是要构建国家战略科技力量，首要的任务就是要提升和强化国家层面以原始创新、前沿创新为主导的基础研究自主能力，而执行国家基础研究能力的往往是国家重点实验室、国家工程中心、大学等专业化科研机构。因此，全力争取国家层面的国家重点实验室、国家工程中心在本地区落地，积极发展和扩张本地的大学研究机构，就可以在国家战略科技力量的布局中争取到发展先机。然而，中国特色的国家战略科技力量强调的则是从国家战略科技力量到企业技术创新能力的贯穿式、整体式发展思维，其核心在于构建国家战略科技力量＋企业技术创新能力的一体化体系，换而言之，就是要塑造以国家重点实验室、国家工程中心或大学等专业化科研机构与现代化产业体系主导的系统性发展观。

第三，抓紧实施优化人口结构战略措施。要以战略眼光看到的重大问题是，随着2050年我国人口老龄化问题发展到极限，2050年我国的人口规模，很有可能由现在的14亿逐步降低到12亿左右甚至更低水平。今后各城市各地区高质量发展的首要问题，是如何争夺更多的高学历、高收入的年轻人口。北京和上海这样的面临相对严重人口老龄化问题的超大规模城市，尤其会面临人口自然缩减带来的种种发展困境。未来困扰北京高质量发展的核心问题，可能并不是超大城市病问题，很有可能是年轻人才数量不足引发的经济发展内生性动力不足问题，不可高估北京未来在吸引高学历、高收入年轻人口方面的综合优势，而是要前瞻性地考虑到2050年北京人口规模急剧减少带来的发展动力不足问题。事实上，截至2020年11月1日0时，北京常住人口为2 189.3万人，与2 300万的人口红线上限仍然有110.7万人口的差距。因此，我们认为，当前北京不能针对人口问题故步自封，而是要前瞻性地预测到未来人口急剧减少的较大概率风险，应该加快适当适度放开人才落户限制。

第四，毫不动摇地率先落实将制造业增加值占 GDP 比重保持在合理水平的发展战略。迫切需要深入研究的重大问题是，要在 2035 年促使北京人均 GDP 达到 5 万美元水平，以及在 2050 年将北京人均 GDP 水平提高到 8 万美元左右，究竟需要怎样的产业结构水平来加以支撑？换言之，北京的制造业增加值占 GDP 比重究竟维持在怎样的水平，可以容纳和支撑北京在未来 30 年期间最为关键的经济高质量发展目标的实现？我们初步测算发现，北京制造业增加值占 GDP 比重每提高 1 个百分点，则北京的经济潜在增速水平可能会提高 0.5 个百分点。因此，倘若北京在"十四五"期间将制造业增加值占 GDP 比重提高 5 个百分点，达到 15％左右的合理水平，则北京的经济潜在增速水平就会提高 2.5 个百分点，从而将北京 GDP 增速在 2035 年之前维持在 4％左右的中高速增长水平。

三、今后的工作重点和改革举措

第一，正确认识当前北京正全面处于通过优化高质量投资结构、人口结构、产业结构和创新结构来稳定和提升地区结构性经济潜在增速水平的关键时期，通过主动推进系统性结构性改革以及加快落实"十四五"规划的核心工作任务，从而实现将北京 GDP 增速在"十四五"期间维持在 5％以上的中高速增长水平、在 2035 年之前维持在 4％以上的中高速增长水平的重大发展目标。面对 2021 年上半年北京各项重要宏观经济指标的变化趋势及其背后反映出的重要信息，可以明确得出判断，除了消费能力指标之外，北京已经基本进入新冠肺炎疫情之前的经济正常轨道之中。而北京消费能力指标的相对滞后效应，不能仅仅归结为新冠肺炎疫情的负面冲击，而是与北京正在实施的减量发展政策以及高精尖产业结构的转型升级过程有着重要联系，其背后反映的是北京持续积累的结构性问题恰好在这个特殊时期产生同时爆发效应。为此，当前阶段，北京的经济发展目标不能再局限于应对短期的新冠肺炎疫情冲击，而要高度重视"十四五"开局之年促进短期经济增速向潜在增速收缩与促进结构性潜在增速稳定和提升之间政策权衡的独特性和重要性，明确促进结构性潜在增速稳定和提升政策优先于促进短期经济增速向潜在增速收缩的"新发展理念"，尽快主动推进一系列结构性改革，来稳定和促进北京今后一定时期内的经济潜在增长率水平，从而夯实北京经济高质量增长的基础条件。

第二，针对北京现有的吸引人才的各类政策，必须全面反思以及重新论证，甚至对某些人才落户限制性政策有必要实施颠覆性、全局性的改革突破，在北京不同区域板块可以考虑实施差异性的人才引进和落户政策。面对北京规划2300万常住人口规模的人口上限红线，必须有全新的战略思维和全新的科学判断。从我国人口老龄化结构特征和人口增长走势的内在规律来看，到2050年我国的总人口规模将处于由14亿向12亿甚至更低人口规模转变的重要转折期。这就对北京这样的面临人口老龄化和城市吸引力逐步下滑的超大规模城市，造成人口规模过快自然收缩的巨大风险和压力。因此，千万不可高估未来北京的人口规模增

长能力，相反，在 2035 年之后北京可能会发生人口规模增长停滞甚至
收缩的现象。鉴于人口规模和人力资本结构是决定一国和地区经济潜在
增速的关键要素，如果北京在未来一段时期内处于人口规模增长停滞或
收缩阶段，必然会造成北京的结构性经济潜在增速持续下滑，从而削弱
北京的经济增长优势和基础，迫使北京经济陷入低水平增速甚至增长停
滞状态。因此，北京必须从顶层设计高度重视和科学把握未来可能的发
展风险，前瞻性地调整和重构人才引进和落户政策。而且，鉴于当前北
京的常住人口规模与人口红线规模相比，仍然有 110.7 万的缺口，北京
实施新型人才引进和落户政策仍然有较大的腾挪和转移空间，可以进一
步适当扩大和放宽人才引进和落户政策。我们强烈建议，针对五环之外
的北京区域板块，可以在更大范围内实施更为宽松、更为自由的人才引
进和落户政策。

第三，高度重视优化高质量投资结构→促进产业结构优化升级→稳
定和提升经济潜在增速→维持中高水平 GDP 增速的良性循环机制，在
北京今后一段时间内实现北京特色的高质量发展目标的基础性作用。针
对当前北京发展过程中存在的经济潜在增速过早过快下滑苗头，首要的
遏制手段就是全面提升以高精尖产业体系为主的高质量投资结构，通过
促进投资结构优化进而引导北京产业结构升级，有效塑造和释放北京经
济潜在增速水平稳定和提升的内部基础性力量。

第四，加快构建北京特色的国家战略科技力量＋企业技术创新能力
深度融合的新型创新驱动发展机制，将之作为"十四五"期间北京各级
政府的核心工作目标。彻底打破北京各级政府在布局国家战略科技力量

和提升企业技术创新能力之间的分离和割裂状态，贯通从国家战略科技力量到企业技术创新能力之间的各种机制体制性障碍，构建具有北京特色、北京优势的国家战略科技力量＋企业技术创新能力深度融合体系。为此，我们建议，在"十四五"期间，一方面，通过构建科研机构和企业联合协作的基础研究和应用研究新型体系，特别是通过加快布局新型研究型大学和新型科研机构，力争在 2025 年末将基础研究占 R&D 经费支出比重快速提高到 25％以上，力争在 2050 年末达到 30％以上，才能促使和保证北京成为具有全球领先的国际科技创新中心地位的城市。同时，不仅促使北京基础研究投入长期占据全国基础研究投入的 30％以上，还必须弥补北京在应用基础研究自主能力方面的短板，促使北京在应用基础研究投入长期占据全国应用基础研究投入的 30％以上，才能真正维持北京在原始创新策源地、自主创新主阵地、关键核心技术创新突破地的核心地位。另一方面，彻底扭转工业企业部门的 R&D 经费支出额占北京全部 R&D 经费支出额比重相对过低的局面，力争到 2025 年末工业企业部门的 R&D 经费支出额占北京全部 R&D 经费支出额比重达到 25％以上，培育一批真正具有全球创新领先优势的本土高科技跨国企业。

第五，主动打造深刻体现北京特色和北京优势的政产学研的新型贯通体系。一方面，针对科学研究和技术创新两大部门割裂和脱离的困局，全面放宽企业独立申报或联合高等院校、科研机构申报国家重点实验室、国家工程中心和国家技术创新中心的各项限制，鼓励企业成为研究或应用基础研究的主要承担者。优先允许和鼓励企业独立申报或联合高等院校、科研机构申报国家科技重大专项、国家自然基金项目、北京市自然基金项目等研究课题，培育和促进从基础研究到应用研究再到工程化产业化的国家战略科技创新力量体系。针对我国基础研究→应用研究→应用开发研究环节的转化和衔接体系存在的断裂性的体制性严重障碍，要适当鼓励设立和壮大各种形式的行业性和地方性的新型工程研究院和技术研究院，利用关键核心技术创新基金、颠覆性技术创新基金、共性技术创新基金、国家科技重大专项、国家自然基金项目等，实现和推进这些新型工程研究院和技术研究院的项目来源和经营运行。另一方面，基于创新链和产业链融合发展体系的基本特征，鼓励北京的国有企业和民营企业之间、龙头企业和中小微企业之间形成分工协作的新型产业体系，国有企业和龙头企业专注于具有外部性特征的基础研究和应用研究领域或半外部性特征的应用开发研究和中间试验研究领域，而民营企业和中小微企业专注于关键设备、关键零配件、关键原材料的研发和生产制造，从而形成创新成本共担、创新收益共享的产业链、创新链、技术链和价值链融合发展的国内循环体系。

2021 年第 3 季度报告
——全面启动科技创新对 GDP 支撑效应的
北京经济

一、北京 2021 年前 3 季度宏观经济形势分析及其全年形势的预测

第一，对首都北京 2021 年前 3 季度宏观经济形势的总体判断是，2021 年前 3 季度已经呈现出经济加速增长的基本态势，预计到第 4 季度北京经济的增速可能会呈现轻微下滑的态势。然而，当前北京经济加速增长的态势是由疫苗产业和高精尖产业来驱动的，存在相当的不确定性和非稳固性，在 2022 年可能出现工业增加值增速大幅度下滑拖累北京 GDP 增长的风险，迫切需要全面启动"十四五"期间科技创新投入投资对 GDP 的有效支撑效应。

北京 2021 年 1—3 季度 GDP 同比增长 10.7%，比上半年回落了 2.7 个百分点。但是与 2019 年同期相比，两年平均实际增长 5.3%，高于上半年 0.5 个百分点。对比来看，与 2019 年同期相比，2021 年 1—2 季度的 GDP 两年平均实际增长 4.8%，高于 1 季度 0.2 个百分点。这些关键的信息显示，北京经济在第 3 季度呈现出明显加速增长的态势。

具体来看，根据地区生产总值统一核算结果，北京 2021 年 1—3 季度实现地区生产总值 29 638.7 亿元。其中，第一产业实现增加值 71.5 亿元，同比增长 0.2%，两年平均下降 5.6%；第二产业实现增加值 5 195.6 亿元，同比增长 29.6%，两年平均增长 13.8%；第三产业实现增加值 24 371.6 亿元，同比增长 7.3%，两年平均增长 3.7%。由此可以得出的基本判断是，北京的高精尖产业部门，特别是高精尖制造业部门，已经成为支撑北京 GDP 加速增长的核心力量。

与全国层面的宏观经济数据相比，北京 2021 年 1—3 季度的 GDP 增速全面领先于全国水平，特别是高精尖产业的快速发展，是北京经济增速领先全国的核心力量。

全国 2021 年 1—3 季度 GDP 规模为 823 131 亿元，同比增长 9.8%，两年平均增长 5.2%。其中，第一产业增加值为 51 430 亿元，同比增长 7.4%，两年平均增长 4.8%；第二产业增加值为 320 940 亿元，同比增长 10.6%，两年平均增长 5.7%；第三产业增加值为 450 761 亿元，同比增长 9.5%，两年平均增长 4.9%。而从第 3 季度的核心指标来看，第 3 季度 GDP 为 290 964 亿元，按不变价格计算，同比增长 4.9%，两年平均增长 4.9%，环比增长 0.2%。其中，第一产业增加值为 23 028 亿元，同比增长 7.1%，拉动经济增长 0.6 个百分点；第二产业增加值为 113 786 亿元，同比增长 3.6%，拉动经济增长 1.3 个百分点；第三产业增加值为 154 150 亿元，同比增长 5.4%，拉动经济增长 2.9 个百分点。三次产业增加值占 GDP 的比重分别为 7.9%、39.1% 和 53.0%。与上年同期相比，第二产业比重提高 1.3 个百分点，第一、三产业比重分别下降 0.4、0.9 个百分点。

根据地区生产总值统一核算结果，2021 年 1—3 季度上海地区生产总值 30 866.73 亿元，按可比价格计算，同比增长 9.8%，两年平均增长 4.6%。分产业看，第一产业增加值 53.06 亿元，同比下降 4.7%，两年平均下降 11.6%；第二产业增加值 7 947.64 亿元，同比增长 13.1%，两年平均增长 4.8%；第三产业增加值 22 866.03 亿元，同比增长 8.7%，两年平均增长 4.6%。第三产业增加值占全市生产总值的比重为 74.1%。

广东 2021 年 1—3 季度实现地区生产总值 88 009.86 亿元，同比增长 9.7%，增幅比上半年回落 3.3 个百分点；两年平均增长 5.1%，增幅比上半年提高 0.1 个百分点。其中，第一产业增加值 3 425.59 亿元，同比增长 8.2%，两年平均增长 5.6%；第二产业增加值 34 684.45 亿元，同比增长 11.1%，两年平均增长 5.0%；第三产业增加值 49 899.80 亿元，同比增长 8.8%，两年平均增长 5.2%。三次产业对经济增长的贡献率分别为 3.5%、44.4% 和 52.1%，分别拉动地区生产总值 0.3、4.3 和 5.1 个百分点；其中第一、三产业贡献率分别比上半年提高 0.9、0.1 个百分点，第二产业回落 1.0 个百分点。

浙江 2021 年 1—3 季度生产总值 52 853 亿元，按可比价格计算，同比增长 10.6%，两年平均增长 6.4%。其中，第一产业增加值 1 407 亿元，同比增长 2.7%，两年平均增长 2.0%；第二产业增加值 22 009 亿元，同比增长 13.3%，两年平均增长 7.0%；第三产业增加值 29 437 亿元，同比增长 9.1%，两年平均增长 6.2%。

江苏 2021 年 1—3 季度实现地区生产总值 84 895.69 亿元，按可比价格计算，同比增长 10.2%，两年平均增长 6.3%。分产业看，第一产业增加值 2 535.05 亿元，同比增长 3.3%，拉动经济增长 0.1 个百分点，两年平均增长 2.2%；第二产业增加值 37 300.60 亿元，同比增长 12.5%，拉动经济增长 5.3 个百分点，两年平均增长 7.1%；第三产业增加值 45 060.04 亿元，同比增长 8.8%，拉动经济增长 4.8 个百分点，两年平均增长 5.8%。全省三次产业增加值占 GDP 比重分别为 3%、43.9% 和 53.1%。

对比分析可以发现：一方面，北京 2021 年 1—3 季度 GDP 同比增长 10.7%，高于全国的 9.8%，高于上海的 9.8%，高于广东的 9.7%，也高于浙江和江苏的 10.6% 和 10.2%；另一方面，北京 2021 年 1—3 季度 GDP 相比 2019 年的两年平均增长 5.3%，高于全国的 5.2%，高于上海的 4.6%，高于广东的 5.1%，却明显低于浙江和江苏的 6.4% 和 6.3%。由此可以得出的一个基本判断是，北京在 2021 年前 3 季度的经济增长形势，整体上要好于全国以及上海等重点省份。但是，其中隐含一个问题，北京和上海的两年平均增速要显著低于制造业强省——江苏和浙江，这就说明制造业基础越是良好的省份，在疫情冲击后的恢复能力相对越强。

从产业构成角度来看，2021 年前 3 季度首都北京经济增长的核心支撑力量是第二产业部门。重要证据是，北京 2021 年 1—3 季度第二产业增加值同比增长 29.6%，两年平均增长 13.8%，远高于全国的 10.6% 和 5.7%，也高于上海的 13.1% 和 4.8%；第三产业部门增长动力出现了持续弱化态势,对北京经济增速的支撑力量仍未得到有效和充分的恢复。2021 年 1—3 季度北京的第三产业增加值同比增长 7.3%、两年平均增长 3.7%,既低于全国的 9.5% 和 4.9%,也低于上海的 8.7% 和 4.6%。这就足以证实,在北京当前的发展定位之下,第三产业已经面临较为严重的发展"天花板"效应,要维持第三产业部门对北京经济的重要支撑作用,第三产业内部结构性调整和改革势在必行。

第二,规模以上工业部门已经成为首都北京进入 2021 年以来的超常规发展部门,对首都北京经济高质量发展的引领作用更加突出。然而,从细分行业的统计数据来看,2021 年北京前 3 季度规模以上工业部门的增长态势,主要是由新冠疫苗产业的爆发性增长来驱动的。这就意味着随着新冠疫苗产业爆发性增长态势的逐步减弱,2022 年北京工业部门增加值同比增速可能降至－15%,从而拖累北京在 2022 年的经济增速。

2021 年 1—3 季度,北京市规模以上工业增加值按可比价格计算,同比增长 38.7%,两年平均增长 17.7%。重点行业中,医药制造业同比增长 3.3 倍,两年平均增长 1 倍;计算机、通信和其他电子设备制造业同比增长 21.1%,两年平均增长 18.9%;电力、热力生产和供应业同比增长 5.6%,两年平均增长 5.5%;汽车制造业同比下降 6.7%,两年平均下降 2.2%。高端产业引领工业发展,高技术制造业、战略性新兴产业增加值同比分别增长 1.4 和 1.1 倍,两年平均增长达到 59.1% 和 48.8%。

从全国层面来看,2021 年 1—3 季度规模以上工业增加值同比增长

11.8％，两年平均增长 6.4％，增速与疫情前水平相当。分三大门类看，采矿业以及电力、热力、燃气及水生产和供应业分别同比增长 4.7％、12.0％，两年平均增速分别为 2.0％、6.3％；制造业同比增长 12.5％，两年平均增速为 7.0％，对工业生产恢复形成有力支撑。分行业看，41 个大类行业中，有 39 个行业增加值同比实现增长，增长面达 95.1％，超半数行业实现两位数增长。分产品看，612 种工业主要产品中，有 494 种产品产量同比实现增长，增长面为 80.7％。2021 年 1—3 季度全国工业产能利用率为 77.6％，较上年同期提高 4.5 个百分点，较 2019 年同期提高 1.4 个百分点，为近年来同期较高水平。分三大门类看，采矿业、制造业以及电力、热力、燃气及水生产和供应业产能利用率分别为 75.9％、77.9％、74.8％，较上年同期均提高 4 个百分点以上。分行业看，化学纤维制造业、石油和天然气开采业、有色金属冶炼和压延加工业、通用设备制造业、专用设备制造业、电气机械和器材制造业等行业产能利用率均达 80％以上。

从上海地区来看，2021 年 1—3 季度规模以上工业增加值同比增长 15.2％，两年平均增长 6.3％；规模以上工业总产值 28 229.39 亿元，同比增长 13.3％，两年平均增长 5.9％。全市 35 个工业行业有 29 个行业工业总产值实现增长，增长面为 82.9％。其中，专用设备制造业、汽车制造业、电气机械和器材制造业产值增长较快，同比增速分别为 27.1％、24.6％和 22.0％，两年平均增速分别为 10.6％、12.1％和 10.9％。2021 年 1—3 季度上海工业战略性新兴产业总产值 11 188.39 亿元，同比增长 15.9％，两年平均增长 11.8％。其中，新能源汽车、数字创意和新能源产值同比分别增长 230％、29.2％和 27.2％，两年平均增速分别为 180％、10.4％和 21.7％。

依据以上数据以及表 1 提供的统计数据，可以观察出的重要问题有：

一方面，在 2021 年前 3 季度，支撑北京工业部门超常规增长的关键行业是医药制造业，在 2021 年 1—3 季度的增加值同比增长高达 326.3％。这就说明，以疫苗产业为主的爆炸式增长是驱动北京此轮工业部门增加值增长的最核心力量。这也就意味着，一旦新冠肺炎疫情得到有效防控，对疫苗产品的需求出现下滑，就会导致北京 2022 年的工业部门增加值增速的大幅度下滑甚至负增长效应，再叠加 2021 年的高基数因素，从而导致北京经济增速在 2022 年可能出现增长动力不足等问题。

另一方面，北京工业部门中的通用设备制造业，计算机、通信和其他电子设备制造业，仪器仪表制造业，其他制造业部门，在 2021 年 1—3 季度的增加值同比增长分别为 11.7％、21.1％、12.2％和 36.6％。这也就说明，北京以高精尖制造业为主的工业部门，在北京减量发展和创新驱动发展的刺激下呈现出较快的增速，这表示即便疫苗产业未来出现下滑，只要高精尖制造业部门得到充分发展，就可以支撑北京未来的 GDP 增速。

表 1　2021 年 1—9 月北京规模以上工业增加值增速

项目	9 月同比增长（％）	1—9 月同比增长（％）
合计	35.1	38.7
石油和天然气开采业	104.2	19.9

续表

项目	9月同比增长（%）	1—9月同比增长（%）
黑色金属矿采选业	−12.4	−24.1
开采专业及辅助性活动	−4.9	2.5
农副食品加工业	−13.2	1.9
食品制造业	−13.4	3.2
酒、饮料和精制茶制造业	−17.0	10.6
纺织业	−29.1	−49.6
纺织服装、服饰业	52.5	24.7
皮革、毛皮、羽毛及其制品和制鞋业	−3.2	11.9
木材加工和木、竹、藤、棕、草制品业	9.4	−1.0
家具制造业	−2.9	11.2
造纸和纸制品业	5.2	15.2
印刷和记录媒介复制业	−16.6	13.6
文教、工美、体育和娱乐用品制造业	−35.1	−15.5
石油、煤炭及其他燃料加工业	−11.2	0.8
化学原料和化学制品制造业	−8.0	−7.5
医药制造业	356.0	326.3
橡胶和塑料制品业	−24.7	−5.3
非金属矿物制品业	−15.5	13.7
黑色金属冶炼和压延加工业	−6.0	18.2
有色金属冶炼和压延加工业	24.7	87.6
金属制品业	−15.1	1.0
通用设备制造业	−1.9	11.7
专用设备制造业	7.9	−2.9
汽车制造业	−33.3	−6.7
铁路、船舶、航空航天和其他运输设备制造业	−0.3	−1.9
电气机械和器材制造业	−18.9	−5.3
计算机、通信和其他电子设备制造业	18.2	21.1

续表

项目	9 月同比增长（％）	1—9 月同比增长（％）
仪器仪表制造业	4.2	12.2
其他制造业	3.4	36.6
废弃资源综合利用业	47.6	95.5
金属制品、机械和设备修理业	−9.7	−3.0
电力、热力生产和供应业	8.0	5.6
燃气生产和供应业	5.9	−1.0
水的生产和供应业	−3.4	3.0

第三，北京第三产业部门呈现出"四大主力军"的新发展特征，信息传输、软件和信息技术服务业、金融业、科学研究和技术服务业三大主力军依然保持核心支撑力，批发和零售业出现了明显的恢复性增长态势，表明北京第三产业部门出现了稳步恢复性增长态势，对经济增长的支撑作用逐步强化。

北京 2021 年 1—3 季度第三产业部门增加值按可比价格计算，同比增长 7.4％，两年平均增长 3.7％。其中，信息传输、软件和信息技术服务业实现增加值 5 090.9 亿元，同比增长 12.4％，两年平均增长 12.6％；金融业、科学研究和技术服务业、批发和零售业分别实现增加值 5 685.9 亿元、2 410.3 亿元和 2 141.9 亿元，同比分别增长 5.0％、2.9％和 11.4％，两年平均分别增长 6.0％、1.5％和 0.9％，两年平均增速比上半年分别提高 0.7、1.0 和 0.6 个百分点。四个行业对第三产业增长贡献率超过 6 成。

从全国层面的数据来看，2021 年 1—3 季度第三产业呈现持续增长态势。第三产业实现增加值 450 761 亿元，同比增长 9.5％，两年平均增长 4.9％。分行业看，信息传输、软件和信息技术服务业，交通运输、仓储和邮政业增加值同比分别增长 19.3%、15.3%，两年平均分别增长 17.6%、6.2%。2021 年 9 月，全国服务业生产指数同比增长 5.2%，比上月加快 0.4 个百分点，两年平均增长 5.3%，比 8 月加快 0.9 个百分点。2021 年 1—8 月，全国规模以上服务业企业营业收入同比增长 25.6%，两年平均增长 10.7%。2021 年 9 月，全国服务业商务活动指数为 52.4%，高于上月 7.2 个百分点。从市场预期看，服务业业务活动预期指数为 58.9%，高于上月 1.6 个百分点。

从上海地区的数据来看，2021 年 1—3 季度第三产业增加值持续较快增长。第三产业实现增加值 22 866.03 亿元，同比增长 8.7%，两年平均增长 4.6%。分行业看，信息传输、软件和信息技术服务业实现增加值 2 491.21 亿元，同比增长 12.5%，两年平均增长 13.8%；批发和零售业实现增加值 3 837.38 亿元，同比增长 10.7%，两年平均增长 1.5%；金融业实现增加值 5 905.10 亿元，同比增长 7.3%，两年平均增长 7.6%；房地产业实现增加值 2 643.67 亿元，同比增长 7.9%，两年平均增长 3.7%。2021 年 1—8 月，全市规模以上服务业企业营业收入 27 749.52 亿元，同比增长 31.7%，两年平均增长 12.3%。

将北京和全国、上海的数据对比来看，可以得出的基本判断是：

一方面，从总体层面来看，北京第三产业部门恢复能力仍然表现出一定程度的滞后性特征。重要的证据是，北京 2021 年 1—3 季度第三产业增加值同比增长 7.4%，两年平均增长 3.7%，均落后于全国的 9.5% 和 4.9%，也落后于上海的 8.7% 和 4.6%。这将对"十四五"期间北京维持 GDP 的合理增长水平造成较大压力。

　　另一方面，北京第三产业部门出现了重要的结构性变化，其中，金融业发展态势弱于上海，表明缺乏实体经济有效支撑的北京金融业发展可能面临发展动力不足等问题。从 2021 年前 3 季度北京第三产业部门的细分行业角度来看，信息传输、软件和信息技术服务业，金融业，科学研究和技术服务业，批发和零售业这四大服务业部门对北京的第三产业增长贡献率超过 6 成。其中，批发和零售业部门呈现出恢复性增长态势，深刻说明北京的服务业活力得到初步恢复。然而，与上海相比，2021 年前 3 季度上海的信息传输、软件和信息技术服务业，批发和零售业，金融业三大核心服务业部门的增加值两年平均增速全面高于北京，并且上海的批发和零售业表现出比北京更强劲的恢复态势，这说明北京在与上海的服务业发展竞争中已经处于相对劣势地位。

　　第四，北京固定资产投资保持着一定程度的韧性，对北京经济增长具有重要的支撑作用。总体来看，北京固定资产投资增速领先于全国水平，但是发生了全面落后于上海的突出现象。其中，第二产业投资增长出现了超常规态势，而第三产业投资增长呈现出稳步恢复性态势。第二产业和第三产业部门的细分行业投资增速分化现象愈加突出。北京在基础设施领域投资增速持续下滑，意味着北京必须将基础设施投资方向调整到新型基础设施方面。

　　2021 年 1—3 季度北京固定资产投资（不含农户）同比增长 7.9%，两年平均增长 4.8%。分产业看，第一产业投资同比下降 64.0%，两年平均下降 45.4%；第二产业投资同比增长 35.8%，两年平均增长 40.8%；第三产业投资同比增长 6.8%，两年平均增长 3.3%。分行业看，制造业投资同比增长 64.5％，两年平均增长 81.3％，其中高技术制造业投资同比增长 85.7％，两年平均增长 110％；金融业投资同比增长 120％，两年平均增长 39.3％；卫生和社会工作投资同比增长 11.5％，两年平均增长 19.6％。分领域看，基础设施投资同比下降 6.2％，降幅连续 3 个月收窄，两年平均下降 13.1％，比上半年收窄 3.2 个百分点。房地产开发投资同比增长 10.8％，两年平均增长 8.6％。

从全国的统计数据来看，2021 年 1—3 季度固定资产投资（不含农户）397 827 亿元，同比增长 7.3％，两年平均增长 3.8％；9 月环比增长 0.17％。2021 年 1—3 季度基础设施投资同比增长 1.5％，两年平均增长 0.4％；制造业投资同比增长 14.8％，两年平均增长 3.3％；房地产开发投资同比增长 8.8％，两年平均增长 7.2％。全国商品房销售面积 130 332 万平方米，同比增长 11.3％，两年平均增长 4.6％；商品房销售额 134 795 亿元，同比增长 16.6％，两年平均增长 10.0％。分产业看，第一产业投资同比增长 14.0％，第二产业投资增长 12.2％，第三产业投资增长 5.0％。民间投资同比增长 9.8％，两年平均增长 3.7％。高技术产业投资同比增长 18.7％，两年平均增长 13.8％，其中高技术制造业和高技术服务业投资同比分别增长 25.4％、6.6％。高技术制造业中，电子计算机及办公设备制造业、航空航天器制造业投资同比分别增长 40.8％、38.5％；高技术服务业中，电子商务服务业、检验检测服务业投资同比分别增长 43.8％、23.7％。社会领域投资同比增长 11.8％，两年平均增长 10.5％，其中卫生投资、教育投资同比分别增长 31.4%、10.4%。

从上海的统计数据来看，2021 年 1—3 季度固定资产投资同比增长 9.4%，两年平均增长 9.8%。分产业看，三大产业投资中，第一产业投资同比增长 20.6%；第二产业投资同比增长 5.5%；第三产业投资同比增长 9.7%。具体来看，制造业投资同比增长 8.5%，两年平均增长 13.5%；基础设施投资同比增长 9.8%，两年平均增长 7.6%；房地产开发投资同比增长 9.4%，两年平均增长 9.7%。2021 年前三季度，上海新建商品房销售面积 1 291.01 万平方米，同比增长 14.1%，两年平均增长 2.0%。其中，新建商品住宅销售面积 1 052.62 万平方米，同比增长 15.0%，两年平均增长 3.3%。

与全国及上海固定资产投资的统计数据相比，可以得出的基本判断是：

(1) 与上海对比，北京 2021 年前 3 季度固定资产投资水平在总体层面落后于上海，这表明北京 2021 第 4 季度乃至 2022 年的经济增长动力在整体层面也将落后于上海。2021 年前 3 季度，北京固定资产投资同比增长 7.9%，两年平均增长 4.8%，明显地落后于上海的 9.4% 和 9.8%。从分行业领域的角度来看，北京和上海固定资产投资的差距主要表现在：一是基础设施领域。2021 年前 3 季度北京的基础设施投资同比下降 6.2%，而上海的数据是同比增长 9.8%，两年平均增长 7.6%。由此说明，上海的基础设施投资，特别是在新型基础设施领域投资方面已经全面领先于北京。二是上海第三产业部门的投资动力全面领先于北京。2021 年前 3 季度上海的第三产业投资同比增长 9.7%，领先于北京的同比增长 6.8％。而且，上海在新冠肺炎疫情冲击后的第三产业部门投资呈现快速强劲恢复态势，第三产业固定资产投资增速持续领先于北京，这就说明上海在打造现代高端服务业体系方面的优势也已经全面领先于北京。

（2）2021 年前 3 季度北京高技术制造业固定投资增速位于全国领先地位，表明高技术制造业的快速增长及其带来的固定资产投资，已经成为北京经济高质量发展动力的核心来源，是决定北京在"十四五"期间 GDP 增速能否保持在合理区间的关键因素。2021 年前 3 季度，北京制造业投资同比增长 64.5％，两年平均增长 81.3％，其中高技术制造业投资同比增长 85.7％，两年平均增长 110％。全面领先于上海的制造业投资同比增长 8.5％，两年平均增长 13.5％。

（3）北京金融业固定资产投资延续了高增长态势，金融业作为北京第一大支柱产业和主要税收贡献主体的地位更加稳固。2021 年前 3 季度，北京金融业投资同比增长 120％，两年平均增长 39.3％，上海金融业固定资产投资同比增速为－42.9％，北京金融业固定资产投资增速遥遥领先于上海。这些数据说明，随着北京证券交易所的设立和运行、城市副中心绿色金融中心和丽泽金融商务区基地的加快建设以及一系列重大项目的落地，北京在"十四五"开局之年迎来了金融业高质量发展的重大契机，这也就决定了金融业在北京"十四五"期间对 GDP 和税收的贡献地位有所保障。

第五，2021 年第 2 季度，北京消费呈现加速恢复增长态势，第 3 季度继续维持。无论是从服务性消费还是社会消费品来看，北京 2021

年第 2 季度、第 3 季度的恢复性增长态势都很明显。由此说明，北京的总体消费能力已经基本从新冠肺炎疫情冲击中恢复过来，正在进入常态化消费增长轨道。值得关注的是，在经历了新冠肺炎疫情冲击之后，北京的消费形态和消费结构正在发生深刻变化，北京城市副中心和北京南部的消费中心格局正在崛起，国际消费中心城市枢纽地位正在逐步成型。

2021 年 1—3 季度，北京市场总消费额同比增长 16.8%，两年平均增长 2.4%。其中，服务性消费额同比增长 19.2%，两年平均增长 4.9%；实现社会消费品零售总额 10 701.6 亿元，同比增长 14.0%，两年平均下降 0.5%。分商品类别看，限上批发和零售业中，与基本生活消费相关的饮料类，服装鞋帽、针、纺织品类商品零售额同比分别增长 43.9%和 32.3%；与升级类消费相关的文化办公用品类、通讯器材类商品零售额同比分别增长 27.9%和 21.3%。限上批发零售业、住宿餐饮业实现网上零售额 3 614.2 亿元，同比增长 20.7%，两年平均增长 23.0%。

2021 年 1—3 季度，全国社会消费品零售总额 318 057 亿元，同比增长 16.4%，两年平均增长 3.9%。9 月份，社会消费品零售总额 36 833 亿元，同比增长 4.4%，比上月加快 1.9 个百分点；两年平均增长 3.8%，比上月加快 2.3 个百分点；环比增长 0.30%。按经营地分，城镇社会消费品零售总额 275 888 亿元，同比增长 16.5%，两年平均增长 3.9%；乡村社会消费品零售总额 42 169 亿元，同比增长 15.6%，两年平均增长 3.8%。按消费类型分，商品零售 285 307 亿元，同比增长

15.0%，两年平均增长 4.5%；餐饮收入 32 750 亿元，同比增长 29.8%，两年平均下降 0.6%。按商品类别分，限上单位金银珠宝类、体育娱乐用品类、文化办公用品类等升级类商品零售额同比分别增长 41.6%、28.6%、21.7%；饮料类，服装鞋帽、针、纺织品类，日用品类等基本生活类商品零售额同比分别增长 23.4%、20.6%、16.0%。全国网上零售额 91 871 亿元，同比增长 18.5%。其中，实物商品网上零售额 75 042 亿元，同比增长 15.2%，占社会消费品零售总额的比重为 23.6%。

2021 年 1—3 季度，上海社会消费品零售总额 13 279.18 亿元，同比增长 19.6%，两年平均增长 6.8%。限上批发零售业零售额 12 177.99 亿元，同比增长 18.6%，两年平均增长 7.5%；住宿餐饮业零售额 1 101.19 亿元，同比增长 32.0%，两年平均下降 0.8%。从商品类别看，文化办公用品类、金银珠宝类和日用品类零售额同比分别增长 40.6%、38.1% 和 31.9%，两年平均分别增长 25.8%、27.7% 和 20.8%。全市网上零售额 2 381.22 亿元，同比增长 23.4%，两年平均增长 13.7%，占社会消费品零售总额的比重为 17.9%。

通过以上数据的梳理和对比分析，可以得出的基本判断是：

一方面，如图 1 所示，2021 年 1 月之后，首都北京社会消费品零售总额同比增速出现由负转正，进入 2021 年第 2 季度和第 3 季度，首都北京社会消费品零售总额同比增速呈现出比较稳定的恢复性增长态势。2021 年前 3 季度，北京社会消费品零售总额同比增长 14.0%、两年平均下降 0.5%，与上海 2021 年前 3 季度社会消费品零售总额同比增

长 19.6％、两年平均增长 6.8％相比，在 2020 年全面落后于上海的情
形下，2021 年北京社会消费品零售总额同比增速呈快速恢复性的态势
愈加明显。

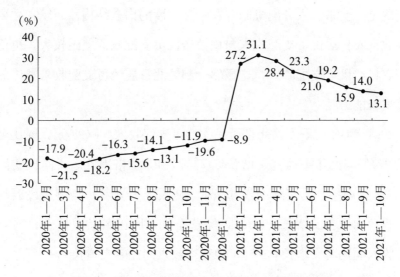

图 1　北京社会消费品零售总额累计增速变化趋势

需要一提的是，在新一轮疫情冲击之下，2021 年 8 月北京社会消
费品零售总额同比增速为－4％，但是 9 月和 10 月迅速恢复为 1.2％和
6.5％。这说明在各级政府尽量压缩新冠肺炎疫情影响范围下，北京的
消费能在短期内实现快速恢复态势。

值得一提的是，克而瑞资管（CAIC）监测显示，北京 2021 年第 3
季度写字楼市场整体租赁需求旺盛，净吸纳维持高位，空置率持续下降
至 14.2％，租金环比小幅上涨。丽泽商务区热度最高，望京、酒仙桥
和 CBD 商务区均表现亮眼；TMT 和金融仍为租户主力行业，占租赁成
交近 7 成；办公销售市场成交总量上涨，成交均价环比下降 28.8％。

皆反映 2021 年前 3 季度北京消费能力的恢复性增长态势。

第六，北京中等收入群体的比重相对比较稳定，居民收入可持续增长动力机制较为稳固，彰显出北京独特的高收入水平和产业结构。也要看到的是，北京收入分配机制存在一定程度的内在结构性问题，主要表现为北京农村居民可支配收入与城镇居民可支配收入差距较大，也低于上海农村居民可支配收入，这显然会制约北京居民可支配收入整体的可持续增长能力。

2021 年 1—3 季度，北京居民人均可支配收入 56 498 元，同比名义增长 9.1%，两年平均名义增长 5.7%；扣除价格因素后，同比实际增长 8.2%，两年平均实际增长 4.2%。从收入来源看，全市居民人均工资性收入同比名义增长 10.8%，经营净收入同比名义增长 16.8%，财产净收入同比名义增长 8.7%，转移净收入同比名义增长 4.4%。

2021 年 1—3 季度，全国的居民收入与经济增长基本同步，城乡居民人均收入比缩小。全国居民人均可支配收入 26 265 元，同比名义增长 10.4%，两年名义平均增长 7.1%；扣除价格因素，同比实际增长 9.7%，两年平均实际增长 5.1%，与经济增长基本同步。按常住地分，城镇居民人均可支配收入 35 946 元，同比名义增长 9.5%，同比实际增长 8.7%；农村居民人均可支配收入 13 726 元，同比名义增长 11.6%，同比实际增长 11.2%。从收入来源看，全国居民人均工资性收入、经营净收入、财产净收入、转移净收入同比分别名义增长 10.6%、12.4%、11.4%、7.9%。城乡居民人均收入比值 2.62，比上年同期缩小 0.05。全国居民人均可支配收入中位数 22 157 元，同比名义增长 8.0%。

2021 年 1—3 季度，上海居民人均可支配收入 58 907 元，同比名义增长 8.8%，两年平均名义增长 6.1%。其中，城镇居民人均可支配收入 61 915 元，同比名义增长 8.6%，两年平均名义增长 5.9%；农村居民人均可支配收入 31 985 元，同比名义增长 11.3%，两年平均名义增长 7.8%。全市新增就业岗位 57 万个，比上年同期增加 12.63 万个。

综合分析以上数据，可以得出的判断是：

一方面，北京居民人均可支配收入始终处于稳增长态势。2021 年前 3 季度，北京居民人均可支配收入同比名义增长 9.1%，两年平均名义增长 5.7%，扣除价格因素后，同比实际增长 8.2%，两年平均实际增长 4.2%。无论是从当年同比名义和实际增速来看，还是从两年平均增速来看，与上海居民人均可支配收入名义同比增长 8.8%、两年平均增长 6.1% 进行比较，均保持相对一致的变化态势。这说明北京既有的经济结构，可以在中长期支撑居民可支配收入的可持续增长态势。

另一方面，北京和上海之间的产业结构存在较为突出的差异性特征，造成北京和上海居民可支配收入之间呈现相对稳定的差距。随着北京高精尖产业结构的推进，北京居民可支配收入仍有进一步提升发展空间，维持在全国前列。2021 年前 3 季度，北京和上海居民人均可支配收入分别为 56 498 元和 58 907 元，2020 年前 3 季度分别为 69 434 元和 72 232 元，2019 年前 3 季度分别为 67 756 元和 69 442 元。这些数据显示出北京与上海居民可支配收入之间存在较为稳定的差距，并且，这些差距即便在新冠肺炎疫情冲击期间也未有多大变化，说明了北京的中等收入群体具有相当程度的稳定性，对北京启动和建设国际消费中心城市起到了不可忽略的"压舱石"作用。

还要看到的重要信息是，2021 年前 3 季度，北京和上海的城镇居民可支配收入分别为 6.12 万元和 6.19 万元，差距不大；但是北京和上海的农村居民可支配收入分别为 2.61 万元和 3.20 万元，差距较大；北京和上海的城乡居民可支配收入比分别为 1.94 和 2.34。北京和上海的居民人均消费支出额分别为 3.18 万元和 3.55 万元，北京居民人均消费支出规模落后于上海的态势非常明显，在上海人口持续增长的情形下，其消费规模领先于北京的优势会更加明显。

第七，2021 年以来，首都北京呈现消费价格低位运行以及工业生产者出厂价格和购进价格倒挂的双重现象。一方面，成本推动型的交通通信类消费产品价格上涨，成为推动北京居民消费价格指数上涨的主导因素；另一方面，进入 2021 年第 2 季度，北京工业生产者购进价格大于出厂价格，即价格倒挂逐步凸显，可能会对下半年北京工业部门的利润创造能力造成一定压力，阻碍北京工业部门投资高速增长态势。

2021 年 1—3 季度，北京居民消费价格同比上涨 0.8%。其中，消费品价格上涨 0.5%，服务价格上涨 1.1%。八大类商品和服务价格"四升四降"：交通通信类价格上涨 4.4%，居住类价格上涨 1.0%，教育文化娱乐类价格上涨 0.5%，其他用品及服务类价格上涨 0.1%；医疗保健类价格下降 0.5%，衣着类价格下降 0.3%，生活用品及服务类价格下降 0.3%，食品烟酒类价格下降 0.2%。9 月份，居民消费价格同比上涨 1.2%，涨幅比上月回落 0.2 个百分点，环比下降 0.1%。

2021 年 1—3 季度，北京工业生产者出厂价格同比上涨 0.9%，工业生产者购进价格同比上涨 2.6%。9 月份，工业生产者出厂价格同比上涨 1.6%，环比下降 0.1%；工业生产者购进价格同比上涨 6.0%，环比上涨 0.9%。

2021 年 1—3 季度，全国居民消费价格温和上涨，工业生产者出厂价格涨幅扩大。全国居民消费价格同比上涨 0.6%，涨幅比上半年扩大 0.1 个百分点。其中 9 月份全国居民消费价格同比上涨 0.7%，涨幅比上月回落 0.1 个百分点，环比持平。2021 年 1—3 季度，城市居民消费价格同比上涨 0.7%，农村居民消费价格同比上涨 0.4%。分类别看，食品烟酒类价格同比下降 0.5%，衣着类价格上涨 0.2%，居住类价格上涨 0.6%，生活用品及服务类价格上涨 0.2%，交通通信类价格上涨 3.3%，教育文化娱乐类价格上涨 1.6%，医疗保健类价格上涨 0.3%，其他用品及服务类价格下降 1.6%。在食品烟酒类价格中，猪肉价格同比下降 28.0%，粮食价格上涨 1.0%，鲜菜价格上涨 1.3%，鲜果价格上涨 2.7%。扣除食品和能源价格后的核心 CPI 同比上涨 0.7%，涨幅比上半年扩大 0.3 个百分点。2021 年 1—3 季度，全国工业生产者出厂价格同比上涨 6.7%，涨幅比上半年扩大 1.6 个百分点，其中 9 月份同比上涨 10.7%，环比上涨 1.2%。2021 年 1—3 季度，全国工业生产者购进价格同比上涨 9.3%，涨幅比上半年扩大 2.2 个百分点，其中 9 月份同比上涨 14.3%，环比上涨 1.1%。

2021 年 1—3 季度，上海居民消费价格同比上涨 0.9%，涨幅比上半年提高 0.2 个百分点。八大类商品和服务价格"六升二降"：交通通信类价格上涨 3.1%，教育文化娱乐类价格上涨 2.4%，居住类价格上涨 1.0%，其他用品及服务类价格上涨 0.9%，生活用品及服务类价格上涨 0.4%，食品烟酒类价格上涨 0.1%；衣着类价格下降 0.7%，医疗保健类价格下降 2.1%。全市工业生产者出厂价格同比上涨 1.4%，涨幅比上半年扩大 0.6 个百分点；工业生产者购进价格同比上涨 5.9%，涨幅扩大 1.9 个百分点。

综合分析以上数据，可以得出的基本判断是：

一方面，总体来看，2021 年 1—3 季度北京的消费价格指数呈现出温和增长态势，与全国和上海呈现出一致的变化态势。值得注意的是，交通通信类价格上涨 4.4%，是此轮北京居民消费价格指数上涨的主要推动力量。同期，上海交通通信类价格上涨 3.1%，教育文化娱乐类价格上涨 2.4%。全国交通通信类价格上涨 3.3%，教育文化娱乐类价格上涨 1.6%。对比来看，驱动北京此轮居民消费价格指数变化的主要因素，与全国乃至上海地区的驱动因素均具有一致性。

另一方面，北京工业生产者出厂价格指数的高速增长态势得到有效控制，呈现出温和增长态势。北京工业生产者购进价格与出厂价格的倒挂现象仍然突出，会对 2021 年第 4 季度和 2022 年北京工业企业的盈利能力造成影响，进而对北京工业部门的投资动力产生挤压效应。2021 年前 3 季度，北京全市工业生产者出厂价格同比上涨 0.9%，工业生产者购进价格同比上涨 2.6%。其中 9 月份工业生产者出厂价格同比上涨 1.6%，环比下降 0.1%；工业生产者购进价格同比上涨 6.0%，环比上涨 0.9%。由此可见，9 月份北京工业生产者购进价格指数要高于出厂价格指数 4.4 个百分点，即倒挂程度为 4.4 个百分点。与全国和上海相比，北京工业生产者出厂价格和购进价格的倒挂现象相对突出。

第八，2021 年前 3 季度，北京财政收入基本摆脱 2020 年新冠肺炎疫情的负面冲击，已经基本进入正常轨道之中。然而要看到的是，这一时期北京的财政支出结构比较侧重教育和医疗卫生，对"十四五"规划中强化基础研究、高精尖产业体系和关键核心技术创新突破能力方面的财政投入重视程度不够，投入不足，这必然会严重制约北京今后一段时期内经济结构的潜在增长率。

北京 2021 年 1—3 季度的一般公共预算收入完成 4 590.3 亿元，同比增长 13.4%，已连续 7 个月保持两位数增长态势，完成年度预算的 81.3%，超时间进度 6.3 个百分点。其中，税收收入完成 3 950.5 亿元，同比增长 16.9%。企业所得税完成 1 157.3 亿元，同比增长 22.6%，主要是企业经营持续增长，应税利润较上年同期提高带动；增值税完成 1 134.6 亿元，同比增长 13.1%，主要是全市第二、三产业增加值保持快速增长带动；个人所得税完成 550.2 亿元，同比增长 20.6%，主要是居民收入提高和股权收益相关个税增加等带动。

2021 年 1—3 季度北京一般公共预算支出 5 216.4 亿元，同比下降 1.7%；完成调整预算的 75.1%，高于时间进度 0.1 个百分点。支出有所下降的主要原因是部分领域受 2021 年债券发行时间较晚等因素影响，暂呈下降态势。在总体支出有所下降的情况下，北京市财政部门坚持有保有压，保持合理支出强度，积极做好资金统筹，聚焦保障民生领域等重点支出。其中，教育支出 772.9 亿元，同比增长 3.6%，主要是扩大学前和基础教育学位供给，促进全市义务教育均衡发展等；医疗卫生支出 469.5 亿元，同比增长 4.5%，主要是加大对小汤山和地坛医院等公立医院的资金支持，加快推动全市公共医疗卫生体系建设；交通运输支出 277 亿元，同比增长 5.1%，主要是用于公路建设、升级改造全市公共交通配套设施等。

上海 2021 年 1—3 季度的一般公共预算收入完成 6 479.18 亿元，同比增长 15.4%。税收收入完成 5 493.82 亿元，同比增长 18.5%。全市一般公共预算支出 5 520.51 亿元，同比增长 4.1%。

综合以上数据，可以得出的判断是：

一方面，北京 2021 年前 3 季度的一般公共预算收入完成 4 590.3 亿元，同比增长 13.4%，已连续 7 个月保持两位数增长态势，完成年度预算的 81.3%，超时间进度 6.3 个百分点。这些数据表明，2021 年第 3 季度，北京的财政收入能力已经摆脱了新冠肺炎疫情的负面冲击，进入正常轨道。然而，相比 2020 年全年的财政收入，北京 2021 年前 3 季度增幅为 541.2 亿元。与全国重点经济发达省份相比，同期，上海、江苏、广东、浙江和山东等省份，相较各自 2020 年全年的财政收入，增幅分别为 865.6 亿元、907.5 亿元、1 090.8 亿元、1 112.2 亿元和 816.9 亿元。这些信息又说明，北京的财政收入恢复动力，仍然面临产业结构因素制约，今后北京政府财政收入的可持续增长压力仍然非常突出。

另一方面，2021 年前 3 季度，北京的财政支出主要侧重于教育、医疗卫生等关键民生领域，对提升首都的治理能力和新冠肺炎疫情安全防护能力起到了重要的支撑作用。然而，不容忽略的是，2021 年作为北京"十四五"规划的开局之年，针对北京"十四五"规划中提出的强化以原始创新和颠覆性技术创新为主导的基础研究自主能力、促进全球领先的高精尖产业体系的培育和提升、塑造重点产业链的关键核心技术突破等方面的重点任务，需要政府财政投入提供全面、强大的支持。如果北京在这些方面的重视程度不够以及财政投入不足，将制约北京今后一段时期内的高质量增长动力机制的形成，弱化结构性潜在增速的提升空间。

第九，2021 年前 3 季度，北京出口延续了高速增长态势，仍然主要是与新冠肺炎疫情相关的防疫产品出口大幅度增长推动的。北京在货物和服务出口以及吸引外资方面的优势长期落后于上海，深刻表明北京需要有效利用"两区"政策优势和"五子联动"新格局布局，进一步提升高精尖产业的出口能力和外资吸引能力。

2021 年 1—3 季度，北京货物进出口总额为 22 336.23 亿元人民币（计价单位下同），同比增速为 28.50%。其中，出口额为 4 583.01 亿元，同比增速为 29.12%；进口额为 17 753.23 亿元，同比增速为 28.34%。2021 年 1—8 月，北京实际利用外资 134.5 亿美元。

2021 年 1—3 季度，上海货物进出口总额为 29 236.45 亿元，同比增长 15.4%。其中，进口额为 18 174.03 亿元，同比增长 19.1%；出口额为 11 062.42 亿元，同比增长 9.9%。从贸易方式看，一般贸易进出口同比增长 24.5%，占进出口总额的比重为 57.9%，比重较上年同期提高 4.3 个百分点。全市外商直接投资实际到位金额 178.47 亿美元，同比增长 15.0%，两年平均增长 10.5%。其中，第三产业外商直接投资实际到位金额同比增长 17.0%，占全市的比重为 96.1%。

对比北京和上海的相关统计数据，可以得出的基本判断是：

一方面，在 2021 年 1—3 季度，北京医药材及药品的进出口额高达 1 427.08 亿元人民币，同比增速高达 161.00%。其中，出口额为 778.81 亿元，同比增速为 2 763.28%。该数据表明，2021 年前 3 季度驱动北京货物出口增长的核心机制，是以新冠肺炎疫情产品为主的医药产品的超常规增长带来的。而北京高精尖产品的出口仍然增速有限，部分产品出现了较大幅度下滑。这就表明，北京在高精尖产品特别是优势高精尖制造产品方面的能力仍然有待提高。在"十四五"期间，北京必须逐步打造成为全国高精尖产品特别是优势高精尖制造产品的出口基地。

另一方面，北京在吸引外资能力方面，已经在较长时期内滞后于上海。这对今后一段时期内，北京如何有效利用"两区"政策优势和"五子联动"新格局布局，进一步提升高精尖产业的外资吸引能力提出了更高建设要求。

二、高度认识科技创新投入在支撑北京 GDP 中高水平增速方面的重要性

第一，高度认识到当前北京经济增长存在的结构性问题，及早预判 2022 年北京 GDP 增速下滑的概率较大及其可能存在的风险，并有效处

理由此引发的短期内经济增长不确定性甚至脆弱性问题。

从 2021 年前 3 季度支撑北京 GDP 增速的分部门统计数据来看，2021 年前 3 季度北京 GDP 增速能够维持在较高水平，主要是由工业部门的高增长来加以支撑的。具体来看，2021 年前 3 季度北京规模以上工业增加值按可比价格计算，同比增长 38.7%，两年平均增长 17.7%，工业部门增加值的增速全国领先。关键是，支撑和驱动北京工业部门高速增长的核心因素是以新冠疫苗产业的爆发性增长为代表的医药制造业同比增长 3.3 倍、两年平均增长 1 倍。当然，不可忽略的基本事实是，中国工业部门中的其他高技术产业和战略性新兴产业也表现出较为明显的增长态势。但是，与以新冠疫苗产业的爆发性增长为代表的医药制造业增长规模和增速相比，仍然是较小的。有鉴于此，考虑到一旦 2022 年全球对新冠肺炎疫情产品的需求出现减缓或收缩现象，必然造成 2022 年北京工业部门增加值增速出现较大幅度的下降态势，增速降幅可能达到 -15% 以上，这就对北京在"十四五"期间将 GDP 增长维持在中高水平造成极大的挑战和压力。

第二，北京的财政收入能力与上海的财政收入能力的差距在持续拉大，这既说明了北京在发展创造政府税收收入的产业结构方面能力相对较弱，也说明了北京在支持以基础研究和应用研究为主导的科技创新方面的政府财政投入可能会长期弱于上海。这必然会影响和制约北京今后全面建设全球领先的国际科技创新中心城市和"2441"为主导的高精尖产业体系的政府引导能力。

客观事实是，无论是针对北京正在积极推进的全面建设全球领先的国际科技创新中心城市，还是北京正在打造的国际消费中心枢纽城市，或是北京正在树立的全球数字经济标杆城市，或是北京必须塑造的全球原始创新策源地、自主创新主阵地、关键核心技术创新突破地，以及北京正在打造的以"2441"为主导的高精尖产业链和创新链融合体系，均需要北京全面主动加大政府财政资金投入。这就必然对北京的财政收入能力带来极大的压力和挑战。然而，同样作为定位为全球有影响力的科技创新中心和世界级先进制造集群的上海，倘若其在政府财政收入能力方面长期领先于北京，一旦上海持续性地加大对基础研究和先进制造的政府财政投入支持，就有可能会对北京带来不可避免的直接竞争效应。

一个重要的统计数据是，北京 2021 年前 3 季度的一般公共预算收入完成 4 590.3 亿元，同比增长 13.4%。同期上海一般公共预算收入完成 6 479.18 亿元，同比增长 15.4%。由此可以发现，在 2021 年前 3 季度，北京以一般公共预算收入为主的政府财政收入，已经落后于上海 1 888.88 亿元。而从 2020 年全年来看，北京的一般公共预算收入为 5 483.9 亿元，同期上海的一般公共预算收入为 7 046.3 亿元，二者差距为 1 562.4 亿元。由此可见，上海创造政府税收收入的能力已经全面赶超北京。在经历了全球新冠肺炎疫情冲击之后，上海的产业结构更具有发展韧性，经济发展前景也优于北京，并且领先北京的优势能力在持续强化，二者的差距在持续加大。

第三，构建全国乃至全球领先的政府和市场有机结合的新型科技创新投入体系，是当前实现北京特色的高质量发展模式的核心所在。其不仅仅决定着北京能否尽快构建以"2441"为主导的高精尖产业链体系，通过重新布局符合北京条件、体现北京优势的现代产业体系和现代经济体系，实现北京经济的内生型增长；也决定着北京能否打造彰显北京优势、凸显北京特色的"五子联动"新发展格局。

高度重视以高等院校、各类科研机构（包括政府所属科研机构和新型科研机构）的基础研究和企业部门的研发投入为主的科技创新投入对维持北京今后一段时期内 GDP 中高速增长的重要性。需要认识到，科技创新投入不仅仅是北京当期 GDP 的直接构成部分，也是提高未来一段时期内北京经济潜在增速的核心力量。换言之，北京在"十四五"期间必须着力全面加大科技创新投入，依靠科技创新投入对 GDP 形成支撑效应。

北京在 R&D 经费投入总额和基础研究领域全面超过上海，在全国的领先地位非常明显。从图 2 提供的 2010—2020 年北京和上海两个城市的 R&D 经费投入总额变化趋势来看，一方面，在 2010—2020 年期间，北京的 R&D 经费投入总额，要显著高于上海的 R&D 经费投入总额；另一方面，2010—2017 年，北京 R&D 经费投入总额领先于上海的差值比较稳定，该数值大约维持在 338.9 亿元至 447.9 亿元之间。在 2018 年、2019 年和 2020 年这 3 年，北京 R&D 经费投入总额持续加大，领先于上海的趋势更加明显，二者差值分别扩大到 511.6 亿元、709.2 亿元和 710.9 亿元。由此可见，北京在 R&D 经费投入规模方面全面领先于上海，而且领先优势在持续加大。

2018 年北京的基础研究经费占 R&D 经费的比重约 15%。依据该信息，可以预测出 2020 年北京的基础研究投入规模至少为 349 亿元。

而且，北京地区的国家重点实验室等国家科技创新基地占全国 1/3 左右，已经运行、在建、拟建的国家重大科技基础设施至少 20 个。与此相比，上海的目标是到 2025 年基础研究经费支出占 R&D 经费支出比例达 12％左右，据此可估计 2020 年的基础研究投入规模至多为 194 亿元。2020 年北京的基础研究投入额至少高于上海 145 亿元。

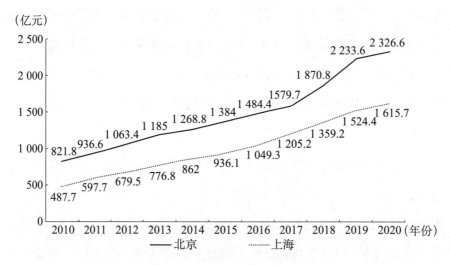

图 2　北京和上海 R&D 经费投入总额变化趋势

值得关注的基本事实是，以大中型重点企业为主的实体经济部门，是北京研发投入活动的主体部门。2020 年北京 R&D 经费投入总额为 2 326.6 亿元，其中，大中型重点企业 R&D 经费投入额为 2 193.5 亿元，占 2020 年北京的 R&D 经费投入比重为 94.28％。

第四，无论是从 R&D 经费投入角度来看，还是从基础研究投入角度来看，或是从全国领先的国家重点实验室和重大科学装置角度来看，北京在全国领先的科技创新投入规模暴露出一个突出的问题，这就是全国领先的科技创新投入未能对北京 GDP 形成有效的支撑效应。这个重大现象背后隐含的重大发展问题是，北京 R&D 经费投入不能形成对 GDP 的有效支撑效应。这就说明，一方面，北京在科技创新投入方面可能存在结构性扭曲问题；另一方面，北京以高等院校、各类科研机构（包括政府所属科研机构和新型科研机构）的基础研究和企业部门的研发投入为主的科技创新投入，在传递到 GDP 增长效应的过程中存在一系列突出的机制体制性障碍，迫使科技创新投入对 GDP 的乘数效应相对较小，进而难以形成对北京 GDP 的有效支撑效应。

首先，北京 R&D 经费投入规模长期领先于上海，而且在 2018 年之后领先于上海的优势愈加明显。然而，北京的 GDP 规模却落后于上海，而且差距在持续扩大；同时，北京在创造政府税收收入方面的能力已经落后于上海，并且差距也处于扩大态势。这些现象正说明了科技创新投入并未有效转化为对北京当前阶段 GDP 的支撑效应，也并未有效转化为对北京当前阶段政府财政收入的支撑效应。

其次，北京在 R&D 经费支出结构中存在较为严重的扭曲性问题。

一方面，大中型重点企业是北京科技创新投入的绝对主体，决定着北京科技创新投入对 GDP 的支撑作用力度。从 2021 年 1—8 月的大中型重点企业研究开发活动的投入来看，总投入 2 024.7 亿元。工业部门的投入规模为 312.3 亿元，信息传输、软件和信息技术服务业部门的投入规模为 1 523.6 亿元，科学研究和技术服务业部门的投入规模为 188.9 亿元。依据这些信息，可以发现，在北京的 R&D 经费投入主体中，信息传输、软件和信息技术服务业部门是绝对主体。然而，北京信息传输、软件和信息技术服务业部门中的互联网企业，其创新研发投入活动主要是构建信息网络平台优势，以此来获得单个企业自身的网络经济垄断优势和超额利润，对北京整个产业链的溢出效应相对较低，进而对 GDP 产生的乘数效应相对较小，难以更好地形成对 GDP 的支撑效应。

另一方面，在北京的内资企业部门中，2021 年 1—8 月的大中型重点企业研究开发活动的投入额高达 1 139.5 亿元，占大中型重点企业研究开发投入额的比重为 56.28%；同期内资企业部门中大中型重点企业的新产品销售收入为 2 343.1 亿元，同比增长 64.4%。而在北京的港澳台资企业部门中，2021 年 1—8 月的大中型重点企业研究开发活动的投入额为 631.1 亿元，占大中型重点企业研究开发投入额的比重为 31.17%；同期港澳台资企业部门中大中型重点企业的新产品销售收入为 2 356.6 亿元，同比增长 205.9%。对比来看，在北京的外商投资企业部门中，2021 年 1—8 月的大中型重点企业研究开发活动的投入额为 254.1 亿元，占大中型重点企业研究开发投入额的比重为 12.55%；同期港澳台资企业部门中大中型重点企业的新产品销售收入为 478.0 亿元，同比增长 15.3%。由此可以发现的基本事实是，北京的内资大中型重点企业的创新研发投入转为新产品的能力，要远远低于港澳台资企业和外商投资企业。而相比港澳台资企业和外商投资企业而言，北京内资企业的巨额科技创新投入并不能有效转化为对 GDP 的支撑作用，又进一步说明了北京的内资企业在产业结构或者技术创新方面存在短板和弊端。

三、理解科技创新投入对北京形成有效 GDP 支撑效应的理论框架

(一) 理解创新引致的经济增长停滞之"谜"的新框架

当前，发达国家经济发展过程中普遍出现了一个发展之"谜"，即随着发达国家政府和企业层面创新研发投入的持续增加，R&D 经费投入占 GDP 比重稳定在一个较高水平，然而大多数发达国家的真实 GDP 增速乃至经济潜在增速却并未随之获得有效增长；相反，经济长期处于一个较低水平增速，甚至零增长、负增长状态。由此带来疑问，为什么这些国家的创新研发投入难以支撑经济增长？这就是创新引致的经济增长停滞之"谜"。针对创新引致的经济增长停滞之"谜"，我们提出一个如图 3 所展示的新理论框架来加以分析和解释。

依据图 3 的理论框架，一国的创新研发投入可以分为基础研究和应用研究。依据美国国家科学基金会（NSF）的定义，基础研究指的是一项系统性研究，旨在获得更全面的知识或对研究主题的理解，而不考虑具体的应用。而应用研究被定义为旨在获得知识或理解，满足特定的、公认的需求的系统研究。依据中国国家统计局的定义，基础研究指一种不预设任何特定应用或使用目的的实验性或理论性工作，其主要目的是为获得（已发生）现象和可观察事实的基本原理、规律和新知识。应用研究指为获取新知识，达到某一特定的实际目的或目标而开展的初始性

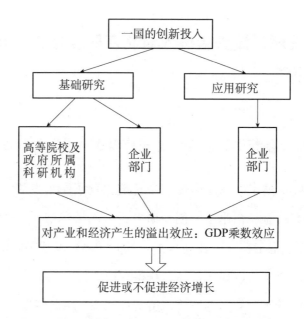

图 3　一国的创新投入对经济增长影响效应的内在逻辑

研究。应用研究是为了确定基础研究成果的可能用途或确定实现特定和预定目标的新方法。基础研究一般由一国的高等院校或政府所属科研机构来承担，部分由大型企业或跨国企业内部的研发机构来实施，其对经济增长具有两个方面的影响效应：一方面，可以通过对产业发展的长期溢出效应，逐步放大成为一国乃至全球的经济增长动力；另一方面，因为仅仅局限在高等院校、政府所属科研机构或者单个企业内部，难以对产业发展和经济增长形成有效溢出效应。对比而言，应用研究主要由一国的企业部门来承担，以帮助企业获得企业个体层面的创新垄断优势和市场竞争优势为主要目的，因而难以对一国的产业发展或经济增长产生溢出效应。因而，从狭义的角度来看，在多数情况下，有利于个体企业层面的垄断竞争优势和获取垄断利润能力，而对一国的产业或经济整体层面的拉动作用相对有限。为此，可归纳出创新投入对经济增长可能产生的不同形式且内在逻辑复杂的影响效应。

第一，经济增长促进型创新投入，核心思想是一国各主体的创新研发投入对 GDP 产生的乘数效应相对较大，具体的两条作用机制是：基础研究→高等院校＋各类科研机构＋企业部门→对 GDP 乘数效应较大→有效促进经济增长；应用研究→企业部门＋各类科研机构＋高等院校→对 GDP 乘数效应较大→有效促进经济增长。针对第一条作用机制，导致其对经济促进效应产生的关键环节是高等院校或各类科研机构以及企业部门，在基础研究方面的投入均可以对产业部门和经济总体层面产生较大范围的溢出效应；针对第二条作用机制，导致其对经济促进效应产生的关键环节是，无论是企业部门或科研机构及高等院校，在应用研究方面的投入均可以对产业部门和经济总体层面产生较大范围的溢出效应。

第二，经济增长停滞型创新投入，核心思想是一国各主体的创新研发投入对 GDP 产生的乘数效应相对较小，具体的两条作用机制是：基础研究→高等院校＋各类科研机构＋企业部门→对 GDP 乘数效应较小→难以促进经济增长；应用研究→企业部门＋各类科研机构＋高等院校→对 GDP 乘数效应较小→难以促进经济增长。针对第一条作用机制，导致其难以促进经济增长的关键环节是大多数国家特别是发展中国家的基础研究主要由高等院校来执行，较小部分是由政府所属的科研机构来实施，更少由企业部门来承担，这就难免会造成一系列影响。由于基础研究到应用研究的转化和溢出具有较高不确定性，高等院校及政府所属的科研机构的部分基础研究并不能有效转化为产业增长机会和现实生产率，也可能因为类似我国这样处于转型背景国家的高等院校及政府所属的科研机构在构建贯通式的产学研一体化体系的各环节存在突出的机制体制障碍，造成从基础研究到产业发展的"头部失灵"和"肠梗阻"等困局。针对第二条作用机制，导致其难以促进经济增长的关键在于应用研究主要是由企业部门来承担：一方面，无论是从企业的工艺创新或产品创新角度，还是从企业的渐进性创新或突破性创新角度，企业进行创新研发投入的根本目的是通过打造企业创新垄断势力来获得创新超额利润，企业非但不愿意进行创新的扩散和溢出，相反，偏向于采取知识产权策略保护自身的创新知识和技术秘密，这是个体企业层面的创新研发投入难以带来一国经济增长的内在原因；另一方面，从各国对创新研发活动的现实操作手段来看，其大多倾向于采取各种财政扶持政策对企业主导的应用研究活动进行激励，这就产生一个困局，单个企业或特定领域企业内的创新研发投入相对越多，越会强化特定企业的创新垄断优势，进而会削弱创新对经济增长的总体溢出效应和促进效应。这就是当前很多国家的创新引致经济增长缓慢或停滞之"谜"的主要原因。

（二）理解创新投入对经济增长异质性乘数效应的新理论框架

科学理解一国的创新投入对经济增长的复杂影响效应，必然从一国创新活动的内在结构性特征出发，探讨不同类型、不同主体的创新活动对经济增长可能产生的乘数效应。

第一，一国不同类型的创新投入通过不同机制对经济增长产生影响效应。如图 4 所示，第一条作用机制是基础研究→偏向于人力资本密集型创新活动→相对高收入的研发人员边际消费倾向相对较小→对 GDP 的乘数效应相对较小。在此作用机制中，需要理解的两个关键环节：一是大多数的基础研究活动是偏向于人力资本密集型创新活动，特别是需要全球顶级的科学家和高级专业化人才的集聚效应以及全球有竞争力的薪资水平加以支撑，很显然，基础研究活动的主要支出是研发人员的各种人力成本支出；二是针对相对高收入的创新研发人力资本群体，由于其大部分时间和精力投入科研工作，消费边际倾向必然相对较低，因此，其对 GDP 的乘数效应也必然相对较小，进而导致基础研究投入对 GDP 的促进效应或拉动效应相对较弱。第二条作用机制是应用研究→偏向于固定资本密集型创新活动→对本国产业链拉动效应较大＋对外国产业链拉动效应较大→对 GDP 的乘数效应相对较大或较小。在此作用机制中，仍然需要理解的两个关键环节：一是大多数的应用研究活动是偏向于固定资本密集型特征的创新活动。固定资本密集型的产品通常具有较长的产业链传递效应，导致在一般情形下应用研究投入活动具有较大的乘数效应，进而拉动一国的 GDP 增长。二是在类似我国这样的发展中国家

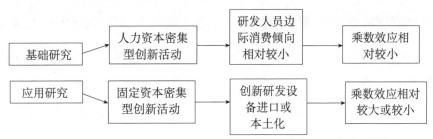

图 4　一国不同类型的创新投入对经济增长影响效应的内在逻辑

之中，在创新研发活动所需要的大多数高端研发设备和关键原材料需要进口的情形下，应用研究活动所蕴含的固定资本密集型投入活动显然会拉动进口国的 GDP 增长，而非本土的产业链发展和 GDP 增长，因此，导致应用研究对一国 GDP 增长的乘数效应相对较弱，进而对一国 GDP 的拉动效应较小。

　　第二，一国不同主体的创新投入通过不同作用机制对经济增长产生影响效应。如图 5 所示，第一条作用机制是高等院校＋政府所属科研机构→偏向于人力资本密集型创新活动→相对高收入的研发人员边际消费倾向相对较小→对 GDP 的乘数效应相对较小。在此作用机制中，关键的环节是理解高等院校和政府所属的科研机构部门主要承担的研发活动的基本特征，按照一般逻辑，高等院校及政府所属的科研机构部门是一国基础研究和应用研究的主要承担者，因此，由图 4 的第一条作用机制阐释的逻辑，可以得到的判断是，其必然对 GDP 带来的乘数效应相对较小，因而对 GDP 的支撑作用就相对较弱。第二条作用机制是企业部门→偏向于固定资本密集型创新活动→对本国产业链拉动效应较大＋对外国产业链拉动效应较大→对 GDP 的乘数效应相对较大或较小。针对此作用机制，可以得到的判断是，一国的企业部门是应用研究投入活动的主要承担者，由此，由图 4 的第二条作用机制阐释的逻辑，可以得到的判断是，倘若在企业部门的应用研究活动需要的关键研发设备和原材料均是需要进口的前提下，其必然对 GDP 带来的乘数效应相对较小，进而对 GDP 的支撑作用较弱。

　　根据一国的创新投入对经济增长所产生影响效应及其内在作用机制

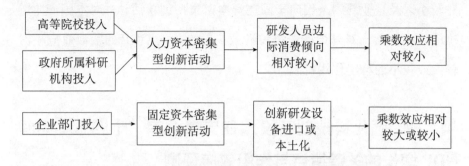

图5　一国不同主体的创新投入对经济增长影响效应的内在逻辑

的新理论框架，可以分析和解释当前部分发达国家乃至发展中国家发生的创新对经济增长的停滞效应。一方面，在发达国家和发展中国家，不同程度均存在着基础研究→高等院校＋各类科研机构＋企业部门→对GDP乘数效应较小→难以促进经济增长以及应用研究→企业部门＋各类科研机构＋高等院校→对GDP乘数效应较小→难以促进经济增长的特定作用机制。事实上，基础研究和应用研究均存在对GDP的乘数效应较小的困局，进而削弱了创新投入对国家经济增长的促进效应和拉动效应。另一方面，从创新投入对经济增长具有较小乘数效应的内在成因来看，主要是存在基础研究→偏向于人力资本密集型创新活动→相对高收入的研发人员边际消费倾向相对较小→对GDP的乘数效应相对较小以及应用研究→偏向于固定资本密集型创新活动→对本国产业链拉动效应较大＋对外国产业链拉动效应较大→对GDP的乘数效应相对较大或较小的特定作用机制。而从一国的创新投入活动的不同承担主体来看，存在高等院校＋政府所属科研机构→偏向于人力资本密集型创新活动→相对高收入的研发人员边际消费倾向相对较小→对GDP的乘数效应相对较小以及企业部门→偏向于固定资本密集型创新活动→对本国产业链拉动效应较大＋对外国产业链拉动效应较大→对 GDP 的乘数效应相对较大或较小的特定作用机制。

四、强化科技创新投入在支撑北京"十四五"期间 GDP 增长的关键堵点与作用效应预测

从以上提出的新理论框架观照，当前北京的科技创新投入要对 GDP 增长产生支撑效应存在一系列制度性障碍。

第一，我国各级政府依靠投资驱动周期的通行做法，与当前迫切需要实施创新驱动发展战略和实现科技自立自强的内在需求不相适应，非但不能有效激发创新投入对 GDP 增长的支撑效应，相反，由于阻断创新链和产业链之间的融合发展关系，可能削弱创新投入对我国 GDP 增长的支撑效应。

从我国"十五"时期至"十三五"时期 R&D 经费支出额增长率变化趋势来看，一个重要的变化规律是五年规划的最后一年均出现 R&D 经费支出额增速下滑的态势，然后在下一个五年规划的第一年或第二年，R&D 经费支出额增速又出现较大幅度上涨的态势。从这些特定的变化规律可以发现，我国各级政府在激励地区 R&D 经费投入方面，可能存在较为突出的官员政绩激励下的驱动型周期特征。具体表现为，在进入新一轮五年规划的前期，各级政府官员存在加大 R&D 经费投入的激励动机，而在五年规划的末期，各级政府官员对 R&D 经费投入的激

励动机均出现不同程度的弱化。我国各级政府在实施对关键核心技术创新、颠覆性技术创新和关键共性技术创新突破的支持资助政策方面，在不同五年规划的衔接和过渡期间，存在政策非衔接性现象和资助断裂效应。"十三五"期间，由于我国遭受了美国发起的技术创新和关键高科技产品的封锁和围堵策略，使得我国重点产业链的关键核心技术创新领域面临诸多"卡脖子"问题，战略性新兴产业的重要环节领域面临"掉链子"问题。在此压力之下，北京各级政府针对性地实施了相关领域的重大科技攻关专项。然而，在"十四五"时期的第一年，北京的相关政府机构并未周密考虑针对这些"卡脖子"关键核心技术创新领域和"掉链子"领域必须实施持续性资助计划的必要性和重要性，导致部分研发项目出现了相对停滞现象，从而影响了北京实施科技自立自强和保障产业链安全等重大战略的实施效果，进而抑制了创新投入对北京经济高质量发展的支撑效应。

比如，我们针对北京的实地调研就发现，"十三五"期间北京各级政府机构部门针对 14～28 纳米的光刻机核心设备进行了巨额政府资金扶持，然而，在"十四五"的开局之年，却未对 7～14 纳米的光刻机核心设备进行巨额政府资金扶持，这就导致了对"卡脖子"关键核心技术创新领域的持续性政府扶持政策的断裂效应，影响最终的扶持效果。

第二，北京在 R&D 投入方面长期存在突出的"重应用、轻基础"问题，在基础研究投入方面仍然存在"政府投入相对不足、企业投入严重缺位"的发展困局，使得创新投入难以对北京的 GDP 增长形成更为有力的支撑效应。

从创新链和产业链一体化融合发展的角度来看，北京当前的 R&D
投入存在较为明显的结构性扭曲效应。一方面，虽然北京的基础研究投
入占 R&D 经费比重已经达到 15% 以上，但也仅达到主要发达国家的平
均水平。说明北京在基础研究方面的投入，特别是政府部门的财政资金
投入，已经严重滞后于北京打造全球领先的国际科技创新中心城市的战
略定位，也远远滞后于北京作为全球原始创新策源地、自主创新主阵
地、关键核心技术创新突破地、关键共性技术创新示范地的诸多定位目
标建设，从而严重削弱了基础研究对我国经济增长应有的溢出效应和支
撑作用。北京在"十四五"时期，亟须采取有效举措尽快将基础研究占
R&D 经费比重提高到 25% 以上。

另一方面，发达国家的企业部门特别是全球领先的高科技企业（跨
国公司）是基础研究的主要承担者，发达国家私人企业部门的基础研究
投入占国家基础研究投入的比重远高于我国。依据 Akcigit 等 2021 年提
供的数据，在 20 世纪 90 年代，法国私人企业部门在基础研究方面投入
就占到国家基础研究投入的 15% 以上。而 Howitt 在 2000 年估计在
1993—1997 年，美国私人企业部门基础研究投入占国家基础研究投入
的 22% 以上。依据我国国家统计局发布的《全国科技经费投入统计公
报》，2018 年和 2019 年我国企业部门承担的基础研究经费分别为 33.5 亿
元和 50.8 亿元，分别占基础研究经费投入额的 3.07% 和 3.79%。事实
上，我国私人企业部门进行基础研究投入动力不足的一个重要原因，就
是对私人企业部门的基础研究乃至应用研究活动的本质特征存在认知误
区。其中，容易陷入的一个重要认识误区是，企业部门的基础研究和应

用研究经费投入应该由企业部门来承担，理由是由高等院校和各类科研机构承担的基础研究和应用研究具有公共产品以及外部性特征，而企业部门承担的基础研究和应用研究活动本质上具有私人产品性质，不属于政府财政资金支持的范围。很显然，这在实质上误解了基础研究或应用研究活动的公共产品及其外部性特征，其本质上与承担主体并无直接关系，只与基础研究和应用研究活动自身的性质密切相关。在这种错误思维的指引下，北京和我国多数企业部门的基础研究和应用研究投入难以得到政府财政资金的直接支持，相反，各级政府却偏好于使用财政资金对企业基础研究和应用研究之外的产业化研究予以直接支持，造成各级政府对企业部门研发活动财政资金支持之间的本末倒置现象，抑制了企业部门从事基础研究乃至应用研究的内在动力，削弱了科技创新投入对 GDP 增长的支撑效应。北京在这方面的问题尤为突出，未能前瞻性地充分重视、引导和激励企业在原始创新和基础研究方面的投入和政府财政投入，进而削弱了北京将基础研究转为产业链发展优势的内在能力。

第三，北京各核心企业部门实施的应用研究和试验开发研究，主要是侧重于信息网络体系建设和打造数字经济优势，而对制约产业链的关键核心技术创新、技术颠覆性创新、关键共性技术创新等方面的投入严重不足。

从数字经济和关键核心技术创新投入对北京 GDP 增长的支撑效应来看，由于关键核心技术创新突破对产业链的全球竞争优势具有决定性作用，其对产业链上下游企业培育和发展有着更为广泛的催生作用和拉动作用。相反，数字经济则可能会强化单个企业平台的网络垄断效应，甚至对经济体的全要素生产率增长产生难以忽略的"索罗悖论"效应，这会导致偏向于数字经济优势导向的创新投入，难以对 GDP 增长形成足够的支撑效应，而偏重破除制约产业链安全发展和竞争优势提升的关键核心技术创新的创新投入，则可以更为有效地促进 GDP 增长。

一方面，随着我国数字经济规模的持续扩大以及数字经济占 GDP 比重的持续提升，实际 GDP 增速却处于持续下滑之中，这种变化趋势在很大程度上揭示了当前数字经济主导的增长模式并不能有效遏制我国经济的下行态势以及提升经济潜在增速。

另一方面，我国互联网企业的利润率远远高于制造业企业。2020 年阿里巴巴的净利润为 1 404 亿元，同比增长 74.93％；腾讯净利润为 1 227.42 亿元，同比增长 30％；京东净利润为 493.37 亿元，同比增长 314.94％；字节跳动净利润为 450 亿元，同比增长 130％；百度净利润为 220 亿元，同比增长 21％。与此同时，2020 年我国规模以上工业企业实现利润总额 64 516.1 亿元，比上年增长 4.1％。由此可以发现，我国互联网企业的盈利能力已经超过制造业企业，进而在一定程度上说明互联网企业利用自身的信息网络垄断优势，在一定程度上阻碍了制造业部门的盈利能力和创新研发投入能力的提升，从而从更深层次削弱了互联网企业的创新投入对我国经济增长的溢出效应和支撑效应。

第四，由于严重依赖国外研发设备和关键原材料进口，削弱了高等院校、政府所属科研机构乃至企业部门实施的基础研究以及应用研究投入对北京 GDP 的乘数效应和拉动效应。

国家海关总署相关数据显示，2019 年我国在科研仪器这一项的进口高达 3 380 亿人民币，占总进口额的 16％。客观事实是，我国从发达国家进口的科研仪器不仅包括各种高精度光学仪器及各类半导体仪器，还包括大量与这些仪器配套的专业零部件，来维持这些进口仪器的正常运行。因此，我国在科研仪器方面的实际进口额比重远高于 16％，可能达到 20％左右。从发达国家进口的各种科研仪器设备及其关键零配件和原材料既容易受到"卡脖子"式问题的束缚，也由于支付过高的购买费而大幅提高科研投入成本，降低企业创新研发投入的能力和动力。更为重要的是，科研仪器设备及其相关的关键零配件和原材料不仅是一国前沿和高端自主创新能力的集中体现，更是一国创新链和产业链能否具有独立自主功能的决定性因素。我国从发达国家进口的各种科研仪器设备及其关键零配件和原材料，会严重降低创新投入对我国 GDP 增长的乘数效应，进而削弱创新投入对 GDP 增长的拉动效应。北京作为我国国家重点实验室、国家工程中心、国家技术创新中心、重大科学装置等最为集聚的地区，由此引发的问题更为突出。

第五，当前北京本土高科技企业部门关键核心技术创新突破的投资面临极大风险，一旦通过巨大投入实现对重点产业链领域的关键核心技术创新突破并形成产品生产能力和市场优势，以美国为首的发达国家就会进行技术和产品解禁，通过低价市场倾销方式，彻底遏制我国关键核心技术创新突破形成的企业产品的销售空间、盈利机会和后续研发投入能力，进而从根本上削弱我国本土企业自主创新能力，造成政府和企业创新投入难以对国内产业链形成有效的拉动作用。

当前，我国正在实施的科技自立自强发展战略所面临的外部最大风险是，以美国为首的西方发达国家对我国的关键核心技术创新突破实施的"抽梯子"式的威胁风险，即一旦我国政府或企业通过巨额前期研发投入实现了某个领域的关键核心技术创新突破，就会遭遇掌握市场优势的发达国家跨国企业的低价倾销式竞争压力，造成政府和企业的前期巨额研发投入难以通过市场销售获得补偿，抽掉我国企业通过创新研发活动来创造企业盈利能力的"梯子"，从根本上摧毁我国本土企业创新研发投入的内在动力。在这种困境之下，我国本土企业逐步丧失在"卡脖子"领域的关键核心技术创新方面的创新研发投入动力，进一步降低我国企业部门创新投入对 GDP 的乘数效应，削弱了创新投入对 GDP 增长的支撑效应。

综合我们提出的理解一国创新投入对经济增长复杂影响效应的新理论框架，根据北京当前科技创新投入的内在结构性特征以及不同的承担主体，初步假定我国不同类型创新活动或不同形式创新主体的研发投入对北京 GDP 可能产生的异质性乘数效应，我们可以得出初步的判断和预测。

总体来看，在"十四五"期间，北京的总研发投入对 GDP 拉动效应年均可以达到 0.8～1.2 个百分点。从基础研究角度来看，在"十四五"期间，北京的基础研究投入对 GDP 拉动效应年均可以达到 0.2～0.4 个百分点；从应用研究角度来看，在"十四五"期间，北京的应用研究投入对 GDP 拉动效应年均可以达到 0.8～1.0 个百分点。

从承担主体来看，在"十四五"期间，北京的高等院校及政府所属科研机构部门研究投入对 GDP 拉动效应年均可以达到 0.2～0.4 个百分

点；北京的企业部门研究投入对 GDP 拉动效应年均可以达到 0.6～0.8
个百分点。

五、重点改革突破口与具体政策举措

在"十四五"期间，决定北京 GDP 增速能否维持在中高水平的关
键动力机制：一是来源于构建"2441"主导的高精尖产业体系的高质量
投资及其释放的产能和增加值；二是来源于以全国领先的一流高等院校
和各类科研机构的基础研究和应用研究为主导的科技创新投入，以及以
高精尖企业的应用研究、关键核心技术创新突破研究、产业链协同研究
为主导的 R&D 经费投入。当前，就北京的现实条件和营商环境而言，
由于产业链的完整性不足等问题，短期内吸引高精尖产业的核心企业、
关键企业和头部企业的高质量投资存在较大难度。而且，即便在"十四
五"初期吸引的高精尖企业，也要在"十四五"末期才能形成有效的产
品生产能力，从而释放出最高水平的 GDP 支撑能力。有鉴于此，北京
必须从强化和提升以全国领先的一流高等院校和各类科研机构的基础研
究和应用研究为主导的科技创新投入，以及以高精尖企业的应用研究、
关键核心技术创新突破研究、产业链协同研究为主导的 R&D 经费投入
等方面入手，在"十四五"期间，特别是"十四五"初期全面启动鼓励
政府和企业科技创新投入的各项举措，有效促进科技创新投入对 GDP
的支撑效应，构建北京特色的科技创新投入＋高精尖产业体系的相互促
进、相互融合、相互支撑体系，进而将北京未来一定时期内的 GDP 维

持在中高水平。

第一，深刻理解当前科技创新机制体制改革、加快构建创新链和产业链深度融合体系重要性。不容忽略的是，当前北京正在全面建设全球领先的国际科技创新中心城市，非常有必要将改革重点适当调整到瞄准如何通过强化高等院校、各类科研机构和企业部门的基础研究和应用研究对 GDP 的乘数效应，加快形成创新投入对北京经济增长的支撑效应。一是尽快构建符合北京现实条件的新型政产学研一体化贯通体系，打造具有北京特色的创新链和产业链新型融合发展体系，加快从研究创意、基础研究和原始创新到产业化、商业化的转化和渗透速度，提升创新研发活动反哺经济发展的能力，从而彻底解决北京的高等院校、各类科研机构和企业部门的基础研究和应用研究对 GDP 增长所产生乘数效应相对不足的发展困局。二是从制约北京高技术产业链和战略性新兴产业链的关键核心技术创新、关键共性技术创新和颠覆性技术创新等方面入手，通过构建政府和企业创新研发投入相结合的机制体制，解决基础研究乘数效应相对较低的问题，从而激发创新投入，特别是财政资金的创新投入对北京 GDP 增长的支撑作用。

第二，加快布局和实施"十四五"时期北京科技创新投入"倍增"计划。要真正落实到 2035 年北京 GDP 相比 2020 年再翻一番的既定发展目标，必须牢牢依靠和激发科技创新对北京经济高质量发展的支撑作用。然而，无论是从政府部门还是企业部门的研发投入活动来看，创新投入对 GDP 的有效支撑效应均存在一定的滞后期和延续期。"十四五"时期，应全面启动针对政府部门和企业部门创新研发投入的"倍增"计划，加大创新研发投入，从而在"十五五"和"十六五"时期形成对创新链和产业链的拉动作用。因此，要将制定和实施激励北京科技创新投入增加和各主体的 R&D 经费投入的"倍增"计划作为"十四五"时期北京各级政府财政支出的重点方向。鉴于 2022 年北京宏观经济可能承受需求不足和工业增加值短期下滑的双重压力，可以适当提高北京政府在 2022 年的财政赤字率。更为重要的是，新增加的政府财政资金不能再走各级政府通过增加对一般基础设施建设和产业投资基金来刺激投资的老路，必须深刻理解和重视政府运用财政资金来有效支撑经济潜在增速的重要作用，鼓励各级政府将相当比例的财政资金运用到刺激各主体的 R&D 经费投入增长。

第三，加快推行具有北京特色的基础研究投入"倍增"甚至"多倍增加"计划，将基础研究上升为北京各级政府新型基础设施建设的核心方向和优先方向。深刻认识基础研究能力决定着一国产业链的全球竞争优势的核心来源，进入 21 世纪，基础研究越发成为全球主要国家重点发展的关键领域，全球主要国家进入了以强化基础研究能力主导的特定竞争轨道。为此，北京各级政府必须高度重视政府财政资金投向激励基础研究的主导地位，力争在"十四五"末期将基础研究投入占 R&D 经费支出额的比重提高到 25％左右，力促北京基础研究投入占全国基础研究总额的 30％以上。基础研究投入对产业链和 GDP 增长有更长的滞后效应和更为持久的支撑效应，因此，必须在"十四五"时期通过各种途径全面加大北京在基础研究方面的投入，从而保证在"十五五"和"十六五"时期能够逐步释放和激发基础研究对北京经济高质量发展的核心支撑力量。

第四，强化以北京跨国高科技企业为主体的基础研究和应用研究自主能力，同时全面鼓励以北京本土企业为主体的工程化和产业化研究，尤其是布局以促进产业链整体竞争优势能力提升为导向的基础研究、应用研究和产业化研究融合体系。针对北京高科技企业基础研究能力提升的目标，将高新技术企业减税政策和研发费用加计扣除政策的发力方向，向激励企业基础研究和应用研究自主能力提升倾斜，对企业的基础研究和应用研究实施分梯级式、更大力度的减税力度。更为重要的是，充分利用好企业部门设立的国家重点实验室，将从事基础研究和应用研究活动企业部门的国家重点实验室纳入国家和北京财政资金保障范围之内，适当将政府财政资金投向企业部门的国家重点实验室。完全放开和降低北京自然科学基金、北京科技重大专项等基础研究重点资助计划对企业（特别是中小微企业）的申请门槛，鼓励企业（特别是中小微企业）独自或联合申请北京重大基础研究项目。设立专门针对企业部门的北京基础研究和应用研究重大专项计划，进而创造企业进行基础研究和应用研究投入的新机制体制。针对企业工程化和产业化研究自主能力提升的目标，在运用好现有高新技术企业减税政策和研发费用加计扣除政策的基础上，优先设立针对基于产业链的关键核心技术创新、关键共性技术创新、颠覆性技术创新环节企业的政府财政资金主导的创新资助计划，进而提升产业链基础能力和现代化水平。

第五，尽快布局和实施体现北京优势的"以人才为中心"的基础研究资助机制，特别是加强培育和储备全球领先的青年科研人才和顶级人才，加快建设北京特色的全球高水平人才高地。进入 21 世纪，全球主要国家逐步改革以科研项目为主导的基础研究和应用研究资助机制，纷纷积极构建以培育和激励顶尖人才（特别是有潜力的年轻人才）为中心的新型资助支持体系。一方面，北京应充分认识顶级人才和青年人才在确立科技自立自强和促进企业基数的基础性地位，率先设立和强化以激励顶级人才和青年人才为中心的新型创新资助体系，在提高针对高等院校和各类科研机构的人才资助力度和鼓励自由探索的前提下，尤其要将企业部门的各类专业化人才和青年人才纳入北京市人才资助体系之中，将之作为提升企业基础研究和应用研究能力的核心手段，重点构建鼓励跨高等院校、各类科研机构和企业部门的复合型人才资助制度。另一方面，北京应该率先强化和提升对重点领域的博士生培养计划，特别是提升国家重点科技创新领域、重点产业链发展所需领域博士的工资水平，并将之作为青年人才培养机制的重大基础性改革任务。

2021 年第 4 季度报告

——需求过度收缩、供给转换和预期不确定三重压力下的北京经济

一、北京 2021 年第 4 季度及全年宏观经济形势分析

第一，2021 年北京 GDP 同比实际增速为 8.5％，达到了预期目标。2021 年北京经济稳增长主要是由疫苗产业和高精尖产业来驱动的。在 2022 年可能面临相当的不确定性及其背后蕴含的诸多方面风险挑战，甚至可能在 2022 年出现工业增加值增速大幅度下滑从而拖累北京 GDP 增长的概率风险。而且，北京 2021 年消费能力仍然处于相对收缩状态，在短期内难以实现加速恢复性增长。2022 年北京 GDP 增长必然会面临较大压力和挑战，在 2022 年上半年北京 GDP 实际增速可能会出现进一步小幅下滑的态势，甚至可能会低于 5％的既定目标。在各项投资的大力带动下，在不暴发新一轮大范围新冠疫情的情形下，在下半年会出现高于 5％的增速，从而力保 2022 年北京 GDP 实际增速达到 5％～5.3％的区间目标。

在 2022 年及以后一段时期内，北京或将面临需求过度收缩、供给转换和预期不确定的三重压力，且与全国经济层面所面临的压力特征有所不同。因此，北京在贯彻和落实"稳字当头、稳中求进"基本精神方

面，必须有着自身的独特手段和政策举措。

2021 年北京 GDP 规模为 40 269.6 亿元，顺利跨过 4 万亿大关，是
北京宏观经济指标中最大的亮点。2021 年 1—4 季度 GDP 同比增长
8.5%，与 2019 年相比，两年平均增长 4.7%。这些数据信息显示北京
经济增长动力仍然具有韧性、拓展性和可塑性，北京经济仍然具有维持
中高水平增速的基础。但分期来看，2021 年 1—2 季度 GDP 同比增速
为 13.47%，1—3 季度同比增速为 10.7%，1—4 季度 GDP 同比增速为
8.5%，逐步下滑的态势比较明显。当然，这种下滑态势与 2020 年的
GDP 随季度恢复增长的态势密切相关，具有一定的合理性，但仍然可
以在一定程度上反映出北京 2022 年经济增长将面临的不确定因素及其
背后的压力与挑战。

从产业构成来看，2021 年 1—4 季度北京第一产业实现增加值
111.3 亿元，同比增长 2.7%；第二产业实现增加值 7 268.6 亿元，同
比增长 23.2%；第三产业实现增加值 32 889.6 亿元，同比增长 5.7%。
由此可以得出的基本判断是，北京的高精尖产业部门特别是高精尖制造
业部门，已经成为北京 GDP 维持中高水平增速的核心力量。第三产业
部门的增加值规模是第二产业部门的 4.52 倍，而第三产业增加值同比
增速只有 5.7%，低于 GDP 增速的 8.5%，可见 2021 年第三产业成为
拖累北京 GDP 维持中高水平增速的因素。

全国 2021 年国内生产总值为 1 143 670 亿元，按不变价格计算，同
比增长 8.1%，两年平均增长 5.1%。分季度看，第 1 季度同比增长
18.3%，第 2 季度同比增长 7.9%，第 3 季度同比增长 4.9%，第 4 季

度同比增长 4.0%。分产业看，第一产业增加值为 83 086 亿元，同比增长 7.1%；第二产业增加值为 450 904 亿元，同比增长 8.2%；第三产业增加值为 609 680 亿元，同比增长 8.2%。

上海 2021 年地区生产总值为 43 214.85 亿元，按可比价格计算，同比增长 8.1%，两年平均增长 4.8%。分产业看，第一产业增加值为 99.97 亿元，同比下降 6.5%，两年平均下降 7.4%；第二产业增加值为 11 449.32 亿元，同比增长 9.4%，两年平均增长 5.3%；第三产业增加值为 31 665.56 亿元，同比增长 7.6%，两年平均增长 4.7%。第三产业增加值占全市生产总值的比重为 73.3%。

广东 2021 年地区生产总值为 124 369.67 亿元，同比增长 8.0%，两年平均增长 5.1%。其中，第一产业增加值为 5 003.66 亿元，同比增长 7.9%，两年平均增长 5.8%；第二产业增加值为 50 219.19 亿元，同比增长 8.7%，两年平均增长 5.2%；第三产业增加值为 69 146.82 亿元，同比增长 7.5%，两年平均增长 5.0%。

浙江 2021 年 GDP 规模突破 7 万亿元，提前一年实现到 2022 年 7 万亿元的奋斗目标值。根据地区生产总值统一核算结果，2021 年浙江实现地区生产总值 73 516 亿元，按可比价格计算，同比增长 8.5%，两年平均增长 6.0%。2021 年第 1 季度、上半年、前 3 季度同比分别增长 19.5%、13.4% 和 10.6%，增速均较快；两年平均分别增长 6.2%、6.8% 和 6.4%，总体比较平稳。受 2020 年基数的影响，2021 年浙江经济增速呈现"前高后低"的走势，符合预期，经济基本盘总体稳固。分产业看，第一、二、三产业增加值分别同比增长 2.2%、10.2% 和

7.6%，占 GDP 的比重分别为 3.0%、42.4%和 54.6%。

江苏 2021 年全省 GDP 迈上 11 万亿元新台阶，实现地区生产总值
116 364.2 亿元，按可比价格计算，同比增长 8.6%，两年平均增长
6.1%。分产业看，第一产业增加值为 4 722.4 亿元，同比增长 3.1%，
拉动经济增长 0.2 个百分点；第二产业增加值为 51 775.4 亿元，同比
增长 10.1%，拉动经济增长 4.4 个百分点；第三产业增加值为 59 866.4
亿元，同比增长 7.7%，拉动经济增长 4.0 个百分点。三次产业增加值
占 GDP 的比重分别为 4.1%、44.5% 和 51.4%。

可以发现，北京 2021 年 1—4 季度 GDP 同比增长 8.5%，高于全国
的 8.1%，高于上海的 8.1%，高于广东的 8.0%，与浙江的 8.5%持
平，略低于江苏的 8.6%；北京 2021 年 1—4 季度 GDP 的两年平均增速
为 4.7%，低于全国的 5.1%，略低于上海的 4.8%，低于广东的
5.1%，也低于浙江和江苏的 6.0%和 6.1%。对比分析可以得出的基本
判断是：一方面，2021 年北京 GDP 增速在全国重点省份的领先优势非
常突出；另一方面，北京 2021 年 GDP 相比 2019 年的两年平均增速要
显著低于全国重点省份，这是由于 2020 年北京经济增速面临更大压力，
导致 2021 年的 GDP 增速基础相对较低。说明北京 2021 年 GDP 增速相
比全国重点省份的领先优势不具有可持续性。

从产业构成来看，2021 年 1—4 季度第二产业部门已经成为首都北
京经济进入高质量增长阶段的核心支撑力量。北京 2021 年 1—4 季度第
二产业增加值同比增长 23.2%，远高于全国的 8.2%，高于上海的
9.4%，高于广东的 8.7%，高于浙江的 10.2%，高于江苏的 10.1%。

而北京第三产业部门的恢复程度却低于全国重点省份。2021 年 1—4 季
度北京的第三产业增加值同比增速为 5.7%，低于全国的 8.2%，低于
上海的 7.6%，低于广东的 7.5%，低于浙江的 7.6%，低于江苏的
7.7%。由此可以判断，在全球新冠肺炎疫情冲击之下，北京的需求收
缩程度更为突出，其需求恢复能力相比全国重点省份的滞后效应更为
突出。

第二，北京制造业部门在 2021 年表现出的超常规发展态势，是
北京 2021 年 GDP 增速维持领先地位的核心力量，主要是由以疫苗产
业为代表的医药制造业的爆发性增长来驱动的。这就意味着，随着新
冠肺炎疫情的复杂性变化，以及其他省份相关产业增长带来的竞争效
应，将对北京 2022 年 GDP 增速维持 5% 以上水平的既定目标带来巨
大压力和风险。

2021 年 1—4 季度，北京规模以上工业增加值按可比价格计算，比
上年增长 31.0%，两年平均增长 15.8%。重点行业中，医药制造业在
疫苗产品带动下同比增长 252.1%，计算机、通信和其他电子设备制造
业同比增长 19.6%，电力、热力生产和供应业同比增长 6.7%，汽车制
造业同比下降 12.0%。高端产业增势良好，高技术制造业、战略性新
兴产业增加值同比分别增长 110% 和 89.2%，两年平均增长 52.5% 和
43.7%。工业机器人、集成电路、智能手机产量同比分别增长 56.0%、
21.7% 和 17.1%。

从全国层面来看，2021 年 1—4 季度全国规模以上工业增加值同比
增长 9.6%，两年平均增长 6.1%。分三大门类看，采矿业增加值同比

增长 5.3%，制造业同比增长 9.8%，电力、热力、燃气及水生产和供
应业同比增长 11.4%。高技术制造业、装备制造业增加值分别同比增
长 18.2%、12.9%，增速分别比规模以上工业增加值快 8.6、3.3 个百
分点。分产品看，新能源汽车、工业机器人、集成电路、微型计算机设
备产量分别同比增长 145.6%、44.9%、33.3%、22.3%。分经济类型
看，国有控股企业增加值同比增长 8.0%；股份制企业同比增长 9.8%，
外商及港澳台企业同比增长 8.9%；私营企业同比增长 10.2%。2021
年 12 月，规模以上工业增加值同比增长 4.3%，环比增长 0.42%。制
造业采购经理指数为 50.3%，比上月上升 0.2 个百分点。2021 年全国
工业产能利用率为 77.5%，比上年提高 3.0 个百分点。

从上海地区来看，2021 年 1—4 季度上海规模以上工业增加值同比
增长 11.0%，两年平均增长 6.2%；规模以上工业总产值为 39 498.54
亿元，同比增长 10.3%，两年平均增长 6.0%。全市 35 个工业行业中
有 28 个行业产值同比实现增长，增长面为 80.0%。其中，汽车制造
业、专用设备制造业、电气机械和器材制造业增长较快，产值同比增速
分别为 21.1%、19.7% 和 15.1%，两年平均增速分别为 15.0%、9.5%
和 9.9%。战略性新兴产业总产值为 16 055.82 亿元，同比增长 14.6%，
两年平均增长 11.7%。其中，新能源汽车、新能源和生物产值同比增
速分别为 190%、16.1% 和 12.1%，两年平均增速分别为 180%、
12.2% 和 7.4%。

从广东地区来看，2021 年 1—4 季度广东规模以上工业增加值
37 500 亿元，同比增长 9.0%，两年平均增长 5.2%，增速基本恢复到

新冠肺炎疫情之前水平。行业恢复加快，2021 年 1—4 季度全省大类行业同比增长面达到 92.3%，比前 3 季度提高 2.6 个百分点。电器机械和器材制造业、汽车制造业恢复情况较好，增加值同比分别增长 13.4%、9.4%。高技术制造业增加值同比增长 6.9%，占规模以上工业增加值比重为 29.9%，其中，生物药品制造、卫生材料及医药用品制造同比分别增长 44.3%、28.0%。先进制造业增加值同比增长 6.5%，占规模以上工业增加值比重为 54.2%，其中，新能源装备制造增加值同比增长 19.9%。战略性新兴产业产品产量增势良好，其中，工业机器人同比增长 56.5%，集成电路同比增长 30.3%，新能源汽车同比增长 155.6%。

从浙江地区来看，2021 年 1—4 季度浙江规模以上工业实现增加值 20 248 亿元，迈上 2 万亿元新台阶，同比增长 12.9%，两年平均增长 9.1%。第 1 季度、1—2 季度、1—3 季度同比分别增长 34.1%、20.8% 和 16.6%，两年平均分别增长 9.7%、10.1% 和 9.6%。全省规模以上工业产能利用率为 82.9%，同比和环比均上升 0.2 个百分点。2021 年工业产能利用率为 82.5%，同比提高 3.4 个百分点。

从江苏地区来看，2021 年 1—4 季度江苏规模以上工业增加值同比增长 11.6%，拉动经济增长 4.3 个百分点，其中制造业增加值同比增长 11.7%，占江苏 GDP 的比重为 35.8%，同比提高 1.0 个百分点。

综合分析，一方面，2021 年 1—4 季度，支撑北京第二产业部门超常规增长的关键行业是医药制造业，同比增速高达 252.1%，是以新冠疫苗产品为主的爆炸式增长驱动的。一旦新冠肺炎疫情得到有效防控，会导致北京2022年工业部门增加值增速大幅下滑甚至是负增长，进而导致2022年北京经济增速增长动力不足。

另一方面，经过统计，如果在2021年北京的工业部门中剔除医药制造业同比增长252.1%的数据信息后，北京工业部门增加值同比增速平均值就只有4.47%。虽然2021年北京工业部门的高精尖产业增加值取得了较快增长效果，但是从整体层面来看，北京工业部门增加值增长动力仍然面临较多问题，说明北京工业部门中的高精尖产业对GDP的支撑效应仍然处于逐步构建之中。

第三，北京第三产业部门呈现出"三大主力军"的发展格局，在既有的信息传输、软件和信息技术服务业与金融业这两大主力军保持核心支撑力的情形下，批发和零售业部门也出现明显的恢复性增长态势。第三产业部门对北京经济增长的支撑作用逐步强化。

2021年1—4季度，北京第三产业增加值按不变价格计算，同比增长5.7%，两年平均增长3.2%。其中，信息传输、软件和信息技术服务业实现增加值6 535.3亿元，同比增长11.0%；金融业实现增加值7 603.7亿元，同比增长4.5%；批发和零售业实现增加值3 150.6亿元，同比增长8.4%。三个行业对第三产业增长贡献率近6成，是主要的支撑力量。住宿和餐饮业，交通运输、仓储和邮政业，租赁与商务服务业增加值分别增长13.7%、5.9%和3.4%，保持恢复性增长。

从全国层面的数据来看，2021年1—4季度全国信息传输、软件和信息技术服务业，住宿和餐饮业，交通运输、仓储和邮政业增加值同比分别增长17.2%、14.5%、12.1%，保持恢复性增长。服务业生产指数同比增长 13.1%，两年平均增长 6.0%。12 月份，服务业生产指数同比增长 3.0%，服务业商务活动指数为 52.0%，环比上升 0.9 个百分点，其中电信、广播电视和卫星传输服务，货币金融服务，资本市场服务等行业商务活动指数均保持在 60.0% 以上较高区间。

从上海地区的数据来看，2021 年 1—4 季度上海第三产业增加值同比增长 7.6%。其中，交通运输、仓储和邮政业增加值为 1 843.46 亿元，同比增长 13.5%，两年平均增长 2.0%；信息传输、软件和信息技术服务业增加值为 3 392.88 亿元，同比增长 12.4%，两年平均增长 13.8%；批发和零售业增加值为 5 554.03 亿元，同比增长 8.4%，两年平均增长 2.4%；金融业增加值为 7 973.25 亿元，同比增长 7.5%，两年平均增长 7.9%；房地产业增加值为 3 564.49 亿元，同比增长 4.8%，两年平均增长 3.2%。

将北京和全国、上海的相关统计数据进行对比分析来看，可以得到的基本判断是：一方面，与全国重点省份相比，北京第三产业部门的恢复能力呈现出滞后性特征。2021 年 1—4 季度，北京第三产业增加值同比增长 5.7%，落后于全国的 8.2%，落后于上海的 7.6%，落后于广东的 7.5%，落后于浙江的 7.6%，落后于江苏的 7.7%，均较大幅度低于全国重点省份。我们预测，"十四五"期间，北京第三产业部门增加值同比增速可能难以恢复到全国平均水平，从而会对"十四五"期间北京维持 GDP 合理增长造成较大压力。另一方面，北京第三产业部门呈现出"三大主力军"的发展格局。2021 年 1—4 季度信息传输、软件和信息技术服务业实现增加值 6 535.3 亿元，同比增长 11.0%；金融业实现

增加值 7 603.7 亿元，同比增长 4.5%；批发和零售业实现增加值
3 150.6 亿元，同比增长 8.4%。三个行业增加值占第三产业增加值的
比重为 52.57%，占 GDP 的比重为 42.93%，支撑地位更加突出，极大
影响着北京今后 GDP 的整体增长状态。值得注意的是，批发和零售业
实现增加值 3 150.6 亿元，同比增长 8.4%，其恢复性增长态势尤为突
出，说明北京服务业的活力得到初步恢复。

北京要打造全球有影响力的科技创新中心，科学研究和技术服务业
应该成为其主导产业。然而 2021 年北京在科学研究和技术服务业拥有
企业数量 3 886 家，营业收入为 8 251.3 亿元，利润却只有 627.0 亿元。
对比来看，信息传输、软件和信息技术服务业和金融业拥有企业数量分
别为 3 965 家和 2 394 家，营业收入分别为 22 415.7 亿元和 33 258.9 亿
元，利润则分别为 3 076.9 亿元和 18 352.5 亿元。由此可见，北京虽然
在科学研究和技术服务业领域拥有企业数量处于全国领先地位，但是在
科学研究和技术服务业的增长空间并未得到有效释放，对 GDP 的支撑
作用相对有限。

上海第三产业部门的主导产业分别是金融业（增加值 7 973.25 亿
元），批发和零售业（增加值 5 554.03 亿元），房地产业（增加值
3 564.49 亿元），信息传输、软件和信息技术服务业（增加值 3 392.88
亿元）。与北京第三产业部门的主导产业相比，2021 年上海金融业增加
值已经超过北京的 7 603.7 亿元，同比增速 7.5% 也超过北京的 4.5%。
说明上海的金融业发展优势已经超过了北京，并且会对北京金融产业未
来发展空间造成直接竞争效应和挤压效应；而 2021 年北京的批发和零

售业实现增加值 3 150.6 亿元也远远低于上海，说明上海的消费市场更具有活力，更具有优先打造成为国际消费中心城市的现实基础。同时也会对北京打造国际消费中心枢纽城市造成直接竞争效应。

第四，北京固定资产投资保持了一定程度的延续性和韧性，对北京的经济增长具有重要支撑作用。总体来看，2021 年 1—4 季度北京固定资产投资增速领先于全国水平，但是落后于上海。其中第二产业投资增长出现了超常规态势，第三产业投资增长呈现稳步恢复性态势，第二产业和第三产业部门的细分行业投资增速分化现象愈加突出。北京在基础设施领域投资增速持续下滑，促使北京必须调整基础设施投资方向，向以提升基础研究为导向的新型基础设施转变。

2021 年 1—4 季度，北京固定资产投资（不含农户）同比增长 4.9%，两年平均增长 3.5%。分产业看，第一产业投资同比下降 59.5%，第二产业投资同比增长 38.2%，第三产业投资同比增长 3.0%。分行业看，制造业投资同比增长 68.3%，其中高技术制造业投资同比增长 99.6%；金融业投资同比增长 68.2%；卫生和社会工作投资同比增长 22.8%。分领域看，基础设施投资同比下降 8.9%，房地产开发投资同比增长 5.1%，民间投资同比增长 6.4%。

从全国层面来看，2021 年 1—4 季度，全国固定资产投资（不含农户）544 547 亿元，同比增长 4.9%，两年平均增长 3.9%。分领域看，基础设施投资同比增长 0.4%，制造业投资同比增长 13.5%，房地产开发投资同比增长 4.4%。全国商品房销售面积 179 433 万平方米，同比增长 1.9%；商品房销售额 181 930 亿元，同比增长 4.8%。分产业看，第一产业投资同比增长 9.1%，第二产业投资同比增长 11.3%，第三产业投资同比增长 2.1%。民间投资 307 659 亿元，同比增长 7.0%，占全部固定资产投资的 56.5%。高技术产业投资同比增长 17.1%，快于全部固定资产投资同比增速 12.2 个百分点，其中高技术制造业、高技术服务业投资同比分别增长 22.2%、7.9%。高技术制造业中，电子及通信设备制造业、电子计算机及办公设备制造业投资同比分别增长 25.8%、21.1%；高技术服务业中，电子商务服务业、科技成果转化服务业投资同比分别增长 60.3%、16.0%。社会领域投资同比增长 10.7%，其中卫生投资、教育投资分别同比增长 24.5%、11.7%。12 月份，全国固定资产投资环比增长 0.22%。

从上海地区来看，2021 年 1—4 季度，全市固定资产投资同比增长 8.1%，两年平均增长 9.2%。工业投资同比增长 8.2%，两年平均增长 12.0%。制造业投资同比增长 7.8%，两年平均增长 14.0%；房地产开发投资同比增长 7.2%，两年平均增长 9.1%；基础设施投资同比增长 5.8%，两年平均增长 1.0%；民间投资同比增长 10.3%，两年平均增长 9.3%。

对比分析可以得出的基本判断是：

（1）与上海相比，2021 年全年北京固定资产投资水平在总体层面落后于上海，这表明 2022 年北京经济增长动力在整体层面将落后于上海，2022 年上海 GDP 规模领先于北京的态势可能难以被扭转。2021 年 1—4 季度，北京固定资产投资（不含农户）同比增长 4.9%，两年平均增长 3.5%，较大幅度地落后于上海的 8.1% 和 9.2%。从分行业领域来看，北京和上海固定资产投资的差距主要表现在：一是基础设施领域。

2021 年 1—4 季度北京的基础设施投资同比下降 8.9%，而上海同比增长 5.8%。二是表现在第三产业部门投资动力方面。2021 年 1—4 季度上海第三产业投资同比增长 9.1%，远超北京的同比增速 3.0%。而且上海在新冠肺炎疫情冲击后的第三产业固定资产投资增速持续领先于北京，这说明上海在打造现代高端服务业体系方面的优势已经全面领先。三是表现在民间投资方面。2021 年 1—4 季度上海民间投资同比增长 10.3%，两年平均增长 9.3%，较大幅度领先于北京的同比增长 6.4%，说明上海的经济活力也领先于北京。四是表现在房地产投资方面。2021 年 1—4 季度上海房地产开发投资同比增长 7.2%，两年平均增长 9.1%，也较大幅度领先于北京的同比增长 5.1%，说明上海在吸引人口净流入方面的优势也已经领先于北京。

（2）2021 年 1—4 季度北京高端制造业固定投资增速位于全国领先地位，高端制造业的快速增长及其带来的固定资产投资已经成为北京经济高质量发展的核心动力，成为影响北京在"十四五"期间 GDP 增速保持中高水平的关键因素。2021 年 1—4 季度，北京制造业投资同比增长 68.3%，其中高技术制造业投资同比增长 99.6%，全面领先于上海制造业投资同比增长 7.8%。全面领先于广东的工业投资同比增长 21.1%、两年平均增长 8.2%，高于广东工业投资同比增速 19.5%、高技术制造业投资增同比增速 24.8%。全面领先于江苏的制造业投资同比增长 16.1%、高技术产业投资同比增长 21.6%。全面领先于浙江的工业投资同比增长 19.8%、高技术产业投资同比增长 20.5%。

（3）北京金融业固定资产投资呈持续高速增长态势，金融业作为北京重要支柱产业和主要税收贡献主体的地位更加稳固。2021 年 1—4 季度北京金融业投资同比增速为 68.2%，显然与北京证券交易所的设立和运行、城市副中心绿色金融中心和丽泽金融商务区的加快建设以及一系列重大项目落地密切相关。北京在"十四五"开局之年迎来了金融业高质量发展的重大契机，这也就决定了金融业在北京"十四五"期间对 GDP 和税收的贡献地位会有所保障。

第五，2021 年是检验北京在遭受多重冲击下内需能否得到有效恢复的关键时期。从 2021 年的统计数据来看，北京内需已经基本恢复到正常发展轨道。但是需要额外注意，2021 年 3 月北京消费同比增速达到高点 31.1%，然后逐步下滑，一直下滑到 2021 年 12 月的 8.4%。照此趋势，2022 年北京社会消费品零售总额同比增速仍会处于持续下滑轨道之中，可能在 2022 年第 1 季度低于 8%，2022 年第 2 季度低于 7.5%，2022 年全年处于 6.5%～7%区间，这就意味着北京可能会在 2022 年出现内需过度收缩的现象。

2021 年 1—4 季度，北京市场总消费额同比增长 11.0%，两年平均增长 1.7%。其中，服务性消费额同比增长 13.4%，两年平均增长 3.8%；实现社会消费品零售总额 14 867.7 亿元，同比增长 8.4%，两年平均下降 0.7%。按消费类型分，商品零售 13 733.1 亿元，同比增长 7.1%；餐饮收入 1 134.6 亿元，同比增长 27.5%。按商品类别分，限上批发和零售业中，与基本生活消费相关的饮料类和服装鞋帽、针、纺织品类商品零售额同比分别增长 36.4%和 16.9%；与升级类消费相关的文化办公用品类、通讯器材类商品零售额同比分别增长 21.4%和

16.7%。限上批发零售业、住宿餐饮业实现网上零售额 5 392.7 亿元，同比增长 19.0%，两年平均增长 24.5%。

从全国层面来看，2021 年 1—4 季度，全国社会消费品零售总额 440 823 亿元，同比增长 12.5%，两年平均增长 3.9%。按经营地分，城镇社会消费品零售总额 381 558 亿元，同比增长 12.5%；乡村社会消费品零售总额 59 265 亿元，同比增长 12.1%。按消费类型分，商品零售 393 928 亿元，同比增长 11.8%；餐饮收入 46 895 亿元，同比增长 18.6%。基本生活消费增势较好，限上单位饮料类、粮油食品类商品零售额同比分别增长 20.4%、10.8%。升级类消费需求持续释放，限上单位金银珠宝类、文化办公用品类商品零售额同比分别增长 29.8%、18.8%。12 月份，社会消费品零售总额同比增长 1.7%，环比下降 0.18%。2021 年全年全国网上零售额 130 884 亿元，同比增长 14.1%。其中，实物商品网上零售额 108 042 亿元，同比增长 12.0%，占社会消费品零售总额的比重为 24.5%。

从上海地区来看，2021 年 1—4 季度，上海社会消费品零售总额 18 079.25 亿元，同比增长 13.5%，两年平均增长 6.8%。限上批发和零售业零售额 16 623.32 亿元，同比增长 12.7%；住宿和餐饮业零售额 1 455.93 亿元，同比增长 22.7%。从商品类别看，基本生活消费增势较好，日用品类零售额同比增长 24.7%；升级类消费需求持续释放，文化办公用品类、金银珠宝类和化妆品类零售额同比分别增长 40.1%、30.3% 和 15.7%。全市网上零售额 3 365.78 亿元，同比增长 20.8%，两年平均增长 15.4%，占社会消费品零售总额的比重为 18.6%，比上年提高 2.2 个百分点。

通过以上数据的梳理和对比分析，可以得到的判断是：一方面，如图 1 所示，在进入 2021 年 1 月之后，首都北京社会消费品零售总额同比增速由负转正。2021 年是在 2020 年全球新冠肺炎疫情冲击后北京消费能力逐步进入正常轨道的关键时期。2021 年 1—4 季度，北京市场总消费额同比增长 11.0%，两年平均增长 1.7%。其中，服务性消费额同比增长 13.4%，两年平均增长 3.8%；社会消费品零售总额同比增长 8.4%，两年平均下降 0.7%。与上年对比，北京 2020 年 1—4 季度市场总消费额同比下降 6.9%。其中，服务性消费额同比下降 4.9%，社会消费品零售总额同比下降 8.9%。相比可见，北京消费能力在 2021 年的整体恢复态势较为明显。

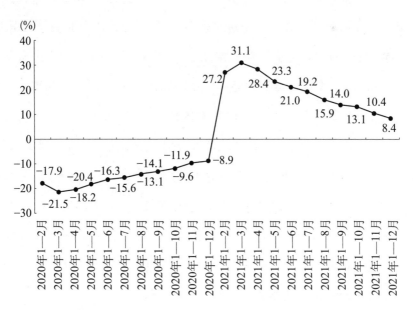

图 1　2020 年与 2021 年北京社会消费品零售总额累计增速变化趋势

　　值得一提的是，反映消费能力的写字楼整体租赁需求旺盛，可以进一步反映北京消费能力以及内需的恢复性增长态势。根据第一太平戴维斯报告，2021 年第 4 季度，北京写字楼市场延续了前 3 个季度的活跃态势，季度内的成交量再创新高，空置率也随之明显下降，市场整体呈现向好发展态势。甲级写字楼市场迎来三座新项目入市，供应量约为20.7 万平方米；净吸纳量达到近两年的新高，累计达 40.5 万平方米，同比增长 3.4 倍。受益于极佳的吸纳态势与活跃的租赁成交，2021 年 4季度末北京全市甲级写字楼空置率降至 15%，环比、同比分别下降1.7、0.8 个百分点。同期北京甲级写字楼平均租金为每月每平方米人民币 341 元，环比微降 0.2%。

　　另一方面，与其他重点省份相比，北京的消费能力增长态势已经全面落后，今后启动和激发内需对北京 GDP 的支撑作用会面临较大压力。2021 年 1—4 季度，北京社会消费品零售总额同比增长 8.4%，两年平均下降 0.7%；全国社会消费品零售总额同比增长 12.5%，两年平均增长 3.9%；上海社会消费品零售总额同比增长 13.5%，两年平均增长6.8%；广东社会消费品零售总额同比增长 9.9%，两年平均增长1.4%；浙江社会消费品零售总额同比增长 9.7%，两年平均增长3.4%；江苏社会消费品零售总额同比增长 15.1%，两年平均增长6.4%。不难发现，2021 年 1—4 季度北京的社会消费品零售总额同比增速已经大幅度落后于全国重点省份，表明北京的消费能力已经呈现出增长动力机制不足的问题。

　　第六，2021 年北京居民可支配收入稳居全国第二，展示出北京中等收入群体的稳定性,以及维持居民收入可持续增长的稳固的动力机制。但是也要看到北京居民收入分配机制存在一定程度的结构性问题,农村居民可支配收入与城镇居民可支配收入的差距较大,同时也低于上海农村居民可支配收入,这显然会制约北京居民可支配收入整体的可持续增长能力。

2021 年 1—4 季度,北京居民人均可支配收入 75 002 元,同比增长 8.0%。四项收入全面增长:工资性收入同比增长 10.2%,经营净收入同比增长 15.8%,财产净收入同比增长 5.7%,转移净收入同比增长 3.5%。其中,城镇居民人均工资性收入 49 150 元,同比增长 10.2%;城镇居民人均经营净收入 795 元,同比增长 16.1%;城镇居民人均财产净收入 13 869 元,同比增长 5.5%;城镇居民人均转移净收入 17 704 元,同比增长 3.3%。全市居民人均消费支出 43 640 元,同比增长 12.2%。八大类消费支出全面增长,其中医疗保健、教育文化娱乐、其他用品及服务消费增速较高,分别为 22.0%、21.0% 和 20.3%。城镇居民人均消费支出 46 776 元,同比增长 12.1%。

从全国来看,2021 年 1—4 季度,全国居民人均可支配收入 35 128 元,同比名义增长 9.1%,两年平均名义增长 6.9%;扣除价格因素同比实际增长 8.1%,两年平均实际增长 5.1%,与经济增长基本同步。按常住地分,城镇居民人均可支配收入 47 412 元,同比名义增长 8.2%,扣除价格因素同比实际增长 7.1%;农村居民 18 931 元,同比名义增长 10.5%,扣除价格因素同比实际增长 9.7%。城乡居民人均可支配收入比为 2.50,同比缩小 0.06。全国居民人均可支配收入中位数

29 975 元，同比增长 8.8%。按全国居民五等份收入分组，低收入组家庭居民人均可支配收入 8 333 元，中间偏下收入组家庭居民人均可支配收入 18 446 元，中间收入组家庭居民人均可支配收入 29 053 元，中间偏上收入组家庭居民人均可支配收入 44 949 元，高收入组家庭居民人均可支配收入 85 836 元。全国居民人均消费支出 24 100 元，同比名义增长 13.6%，两年平均名义增长 5.7%；扣除价格因素同比实际增长 12.6%，两年平均增长 4.0%。

从上海来看，2021 年 1—4 季度，上海居民人均可支配收入 78 027 元，同比名义增长 8.0%，扣除价格因素，同比实际增长 6.7%。与 2019 年水平比较，两年平均名义增长 6.0%，两年平均实际增长 4.5%。上海居民收入绝对水平继续领跑全国，位居首位。分城乡看，上海城镇居民人均可支配收入 82 429 元，同比名义增长 7.8%，扣除价格因素，同比实际增长 6.5%。与 2019 年水平比较，两年平均名义增长 5.8%，两年平均实际增长 4.3%。农村常住居民人均可支配收入 38 521 元，同比名义增长 10.3%，扣除价格因素，同比实际增长 9.0%。与 2019 年水平比较，两年平均名义增长 7.7%，两年平均实际增长 6.2%。

综合以上数据进行对比分析，可以得到的判断是：

一方面，北京居民的人均可支配收入稳居全国第二，排在上海之后，说明北京的经济结构具有保障中等收入群体收入的基本功能。对比来看，2021 年 1—4 季度，北京居民人均可支配收入 75 002 元，同比增长 8.0%。上海居民人均可支配收入 78 027 元，同比名义增长 8.0%，扣除价格因素，同比实际增长 6.7%。二者的差距相对较小且较为稳定，同处于国内居民可支配收入的领头位置。随着北京高精尖产业结构的推进和完善，北京居民可支配收入仍然有进一步提升的空间且始终保持在全国前列。

另一方面，相比上海，北京居民可支配收入存在城乡居民收入差距相对较大的问题，反映了北京不同区域板块之间以及城乡之间经济发展显著不平衡，这将给北京居民收入可持续增长带来压力和挑战，制约北京地区内需对 GDP 的支撑作用。2021 年 1—4 季度，北京和上海的城镇居民可支配收入分别为 81 518 元和 82 429 元，同比增长均为 7.8%，二者差距较小。然而北京和上海的农村居民可支配收入分别为 34 900 元和 38 521 元，同比增长分别为 8.2% 和 10.3%，二者差距则较大。北京城市居民和农村居民可支配收入的绝对规模差距还在扩大，并且持续大于上海城市居民和农村居民可支配收入之间的差距，同时上海农村居民可支配收入显著高于北京农村居民可支配收入，反映北京产业发展存在严重的区域不平衡特征，导致北京农村居民收入可持续增长的动力机制不足。

第七，2021 年首都北京呈现消费价格低位运行以及工业生产者购进价格上涨幅度远超出厂价格指数的突出现象。一方面，成本推动型的交通通信类消费类价格上涨，成为推动北京居民消费价格指数上涨的核心因素；另一方面，进入 2021 年第 2 季度，北京工业生产者购进价格上涨幅度远远大于出厂价格上涨幅度，这与全国的走势基本一致，很有可能会严重影响和挤压 2022 年北京工业部门的利润创造能力，进而拖累北京工业部门投资高速增长态势。

　　2021 年 1—4 季度，北京居民消费价格同比上涨 1.1%。其中，消费品价格上涨 1.0%，服务价格上涨 1.2%。八大类商品和服务价格"四升四降"：交通通信类价格上涨 5.1%，居住类价格上涨 1.1%，教育文化娱乐类价格上涨 0.9%，食品烟酒类价格上涨 0.5%；其他用品及服务类价格下降 0.5%，生活用品及服务类价格下降 0.3%，医疗保健类价格下降 0.2%，衣着类价格下降 0.2%。12 月份，居民消费价格同比上涨 1.8%，涨幅比上月回落 0.6 个百分点，环比下降 0.3%。2021 年 1—4 季度北京工业生产者出厂价格同比上涨 1.1%，工业生产者购进价格同比上涨 3.7%。12 月份，工业生产者出厂价格同比上涨 2.2%，环比上涨 0.6%；工业生产者购进价格同比上涨 7.5%，环比上涨 1.4%。

　　从全国地区来看，2021 年 1—4 季度，全国居民消费价格同比上涨 0.9%。其中，城市居民消费价格上涨 1.0%，农村居民消费价格上涨 0.7%。分类别看，食品烟酒类价格下降 0.3%，衣着类价格上涨 0.3%，居住类价格上涨 0.8%，生活用品及服务类价格上涨 0.4%，交通通信类价格上涨 4.1%，教育文化娱乐类价格上涨 1.9%，医疗保健类价格上涨 0.4%，其他用品及服务类价格下降 1.3%。在食品烟酒类价格中，粮食价格上涨 1.1%，鲜菜价格上涨 5.6%，猪肉价格下降 30.3%。扣除食品和能源价格后的核心 CPI 同比上涨 0.8%。12 月份，居民消费价格同比上涨 1.5%，涨幅比上月回落 0.8 个百分点，环比下降 0.3%。2021 年全年工业生产者出厂价格同比上涨 8.1%，12 月份同比上涨10.3%，涨幅比上月回落2.6个百分点，环比下降1.2%。2021
年全年工业生产者购进价格同比上涨11.0%，12月份同比上涨
14.2%，环比下降1.3%。

与上海地区对比，2021年1—4季度，上海居民消费价格同比上涨
1.2%，涨幅同比回落0.5个百分点。八大类价格"六升二降"：交通通
信类价格上涨4.0%，教育文化娱乐类价格上涨2.7%，居住类价格上
涨1.1%，其他用品及服务类价格上涨0.9%，生活用品及服务类价格
上涨0.7%，食品烟酒类价格上涨0.5%；衣着类价格下降0.5%，医疗
保健类价格下降1.1%。工业生产者出厂价格同比上涨2.1%，工业生
产者购进价格同比上涨7.3%。

综合分析以上统计数据，可以得出的基本判断是：

一方面，2021年全球部分发达国家正面临高通胀风险，我国则不
然，甚至2022年一定程度上存在发生通货紧缩的风险。具体到北京地
区来看，2021年北京消费价格指数始终处于较低水平的上涨幅度，并
与全国和上海等重点地区呈现出一致性的变化态势。值得注意的是，
2021年1—4季度北京交通通信类价格上涨5.1%，是此轮北京消费价
格指数温和上涨的主要推动力量，与全国乃至上海地区的驱动因素
一致。

我们担心的是，在我国2021年第4季度的GDP同比增速降到
4.0%的情形下，2022年我国经济可能会面临更大的压力和风险，导致
2022年初的CPI可能会出现连续多月的零增长或负增长态势，进而面
临短期通货紧缩的风险。北京在2022年也面临CPI持续下降甚至由正

转负的风险，判断依据是，2021 年 12 月份，北京居民消费价格总指数虽然同比上涨 1.8%，但是环比下降 0.3%，持续下降的趋势明显。

另一方面，与全国在 2021 年工业生产者购进价格上涨幅度远大于出厂价格上涨幅度一致，北京 2021 年的价格倒挂现象也比较突出，预计会持续到 2022 年上半年，会对 2022 年北京工业企业的整体盈利能力造成影响，进而对北京工业部门的投资动力产生挤压效应。2021 年 1—4 季度，北京工业生产者出厂价格同比上涨 1.1%，购进价格同比上涨 3.7%，购进价格高于出厂价格 2.6 个百分点。其中，12 月份，北京工业生产者出厂价格同比上涨 2.2%，购进价格同比上涨 7.5%，购进价格高于出厂价格 5.3 个百分点，倒挂现象更为突出。全国 2021 年工业生产者出厂价格同比上涨 8.1%，12 月份同比上涨 10.3%；全年工业生产者购进价格同比上涨 11.0%，12 月份同比上涨 14.2%，倒挂程度分别为 2.9 和 3.9 个百分点。上海 2021 年工业生产者出厂价格同比上涨 2.1%，购进价格同比上涨 7.3%，倒挂程度为 5.2 个百分点。北京和上海工业部门面临的倒挂程度都很严重。

第八，2021 北京财政收入基本摆脱 2020 年新冠肺炎疫情的负面冲击，基本进入正常轨道之中。然而 2022 年北京财政收入持续增长将面临更大压力，财政赤字会在一定时期内存在。

2021 年 1—11 月，北京一般公共预算收入完成 5 577.3 亿元，同比增长 10.0%，连续 9 个月保持两位数增长，完成年度预算的 98.7%，超过时间进度 6.0 个百分点。全市税收收入完成 4 867.3 亿元，同比增长 13.5%。其中企业所得税完成 1 345.1 亿元，同比增长 19.8%，主要得益于疫苗生产等规模以上工业企业利润提升；增值税完成 1 620.0 亿元，增长 7.9%，主要是全市企业生产经营稳步向好带动；个人所得税完成 671.7 亿元，增长 20.7%，主要是居民收入保持良好增长态势带动。

2021 年 1—11 月，北京一般公共预算支出 6 307.4 亿元，同比增长 1.0%，完成年度预算的 90.8%，时间进度与预算基本一致。其中教育支出 992.2 亿元，同比增长 6.0%，主要是落实全市义务教育"双减"工作要求，提升课后服务质量，提高学校办学条件等资金保障；科学技术支出 389.3 亿元，同比增长 2.8%，主要是支持新型研发机构、国家实验室等科创主体发展，加大医药健康、智能制造、新一代信息通信等领域投入；卫生健康支出 550.1 亿元，同比增长 6.9%，主要是加大对公立医院、基层医疗卫生机构的支持力度，支持新冠疫苗免费接种等；交通运输支出 298.2 亿元，同比增长 7.0%，主要是加快推进京津冀交通一体化，保障城市副中心、回天地区等重点区域交通建设工程等。

2021 年 1—4 季度，上海一般公共预算收入完成 7 771.80 亿元，同比增长 10.3%。其中，增值税增长 8.8%，企业所得税增长 21.5%，个人所得税增长 28.4%，契税增长 8.0%。一般公共预算支出 8 430.86 亿元，同比增长 4.1%。

综合以上数据进行分析，可以得出的判断是：

一方面，相比其他重点省份，北京政府财政收入可持续增长面临较大压力。2021 年全年，北京政府一般公共预算收入相比 2020 年全年的增幅约为 448.41 亿元，同期，上海、江苏、广东、浙江和山东等省份的增幅分别为 725.7 亿元、960.73 亿元、1 176.15 亿元、1 014.76 亿元和 724.07 亿元。可以发现，北京 2021 年一般公共预算收入相比 2020 年的增长幅度已经远远落后于上海、江苏、广东、浙江和山东等重点省份。由于减量发展导致的"2441"主导的高精尖产业还处于构建过程之中，2022 年北京政府财政收入的可持续增长压力仍然较大。与上海相比，值得留意的是，2021 年 1—11 月上海一般公共预算收入高达 7 374.8 亿元，超出北京一般公共预算收入（5 577.3 亿元）多至 1 797.5 亿元，这意味着上海各级政府更有丰富的财力来补贴和扶持高精尖产业的发展，更好地利用政府财政资金优势支持建设全球领先的科技创新中心。

　　另一方面，2021 年北京财政支出主要倾向于教育、医疗卫生等关键民生领域，对强化首都的四个功能定位能力、提升首都北京的治理能力和增强首都新冠肺炎疫情安全防护能力起到了重要的作用。但是从 2021 年 1—11 月北京科学技术支出 389.3 亿元、同比增长 2.8% 的数据来看，无论是绝对规模还是增速均处于相对落后地位。2021 年作为北京"十四五"规划的开局之年，针对北京"十四五"规划中提出的强化以原始创新和颠覆性技术创新为主导的自主创新能力、促进全球领先的"2441"主导的高精尖产业体系的培育和提升、塑造重点产业链的关键核心技术突破等方面的重点任务，需要政府财政投入提供全面的支持，如果重视程度不够以及财政投入不足，将制约北京今后一段时期内的高质量增长动力机制的形成，弱化结构性潜在增速的提升空间。

　　第九，2021 年北京出口延续了加速增长态势，这主要是与新冠肺炎疫情相关的防疫产品出口大幅度增长推动的。北京在货物和服务出口

以及吸引外资方面的优势,长期落后于上海,深刻表明北京需要有效利
用"两区"政策优势和"五子联动"新格局布局,进一步提升高精尖产
业的出口能力和外资吸引能力。

2021 年 1—4 季度,北京进出口总额为 30 438.366 亿元,同比增速
为 30.56%。其中,出口额 6 118.469 亿元,同比增速为 31.18%;进口
额 24 319.897 亿元,同比增速为 30.41%。2021 年,北京实际利用外
商直接投资额 155.6 亿美元。

从上海地区来看,2021 年 1—4 季度,上海货物进出口总额
40 610.35 亿元,同比增长 16.5%。其中,进口额 24 891.68 亿元,同
比增长 17.7%;出口额 15 718.67 亿元,增长 14.6%。一般贸易进出口
同比增长 24.1%,占进出口总额的比重为 57.5%,比上年提高 3.8 个
百分点。民营企业进出口同比增长 32.5%,占进出口总额的比重为
27.2%,比上年提高 3.3 个百分点。全市外商直接投资实际到位金额
225.51 亿美元,比上年增长 11.5%。其中,第三产业外商直接投资实
际到位金额同比增长 12.7%,占全市的比重为 95.5%。

对比北京和上海的相关统计数据,可以得出的基本判断是:

一方面,在 2021 年 1—4 季度,北京医药材及药品产品的出口额高
达 1 040.933 亿元人民币,同比增速高达 1 433.97%。该数据表明,
2021 年驱动北京货物出口增长的核心机制,是以新冠肺炎疫情产品为
主的医药产品的超常规增长带来的。同时,北京机电产品的出口额高达
2 691.14 亿元,同比增速为 20.81%,高新技术产品的出口额高达
2 606.353 亿元,同比增速为 90.03%,表明北京具备在高精尖产品特

别是优势高精尖制造产品方面的出口能力，在"十四五"期间，北京应继续打造成为全国高精尖产品特别是优势高精尖制造产品的出口基地。

另一方面，2021 年上海外商直接投资实际到位金额 225.51 亿美元，比上年增长 11.5％，全面领先于北京的 155.6 亿美元，可见在吸引外资能力方面，北京已经在较长时期内滞后于上海。如何利用北京的"两区"建设机会，夯实北京对外资特别是在高精尖产业和高精尖制造业方面的吸引力，这对今后一段时期内北京如何有效利用"两区"政策优势和"五子联动"新格局布局，进一步提升高精尖产业的外资吸引能力提出了更高建设要求。

二、北京经济面临需求过度收缩、供给转换和预期不确定三重压力的判断与分析

（一）如何认识 2022 年北京宏观经济走势及预定目标

从我国各级政府制定和落实五年规划的基本逻辑来看，在五年规划的开局之年，主要是发布任务和开启五年规划的时期，领导政府各机构部门出台相应的涉及各个领域的五年规划文件，同时明确和启动各项五年规划的重点产业社会领域发展目标及其重点投资项目。五年规划的第二年是全面启动各项重点投资项目的关键时期，从而在五年规划的第二年乃至第三年带来 GDP 的相对高增速现象。2021 年是北京"十四五"的开局之年，而 2022 年则是承上启下的关键推动发展阶段，是北京各领域各项重大投资项目全面启动或集中发力的关键时期。

　　2022 年对北京实施减量发展、创新驱动发展、高质量发展为导向
的发展战略具有特殊意义。依据首都北京在"十四五"规划中制定的发
展目标，倘若按照 2035 年末实现地区生产总值比 2020 年翻一番的既定
目标，基于 2020 年北京 GDP 规模为 36 102.6 亿元，到 2035 年翻一番
就必须达到 72 205.2 亿元。平摊到 2021 年至 2035 年期间，每年 GDP
平均同比增速应该为 4.729%。另一方面，依据北京 2021 年 GDP 规模
为 40 269.6 亿元、同比增速为 8.5% 的情形，平摊到 2022 年至 2035 年
期间，每年 GDP 平均同比增速应该为 4.279%。

　　正是由于 2021 年北京取得了 GDP 实际同比增速 8.5% 的良好成
绩，要实现北京 2035 年 GDP 规模比 2020 年翻一番的既定发展目标，
2022—2035 年 GDP 实际同比增速的平均值只要达到 4.279% 即可，这
显然是通过努力可以实现的发展目标。而在"十四五"时期将北京 GDP
实际同比增速维持在较高水平，既可以保证 2035 年相对 2020 年 GDP
规模翻一番目标更容易实现，也可以促使"十五五"和"十六五"时期
北京 GDP 的增长压力得到较大程度缓解，更有利于北京在 2050 年比
2035 年的 GDP 规模再翻一番目标的实现。

　　综合以上分析，可以得出的基本判断是，将 2022 年北京 GDP 同比
实际增速维持在 5% 以上，不仅仅是体现和检验北京在"十四五"时期
推出的一系列"3 个 100"市重点工程的成果效果，也是保证北京 2035
年 GDP 比 2020 年翻一番的既定发展目标得以完美实现的重要节点。从
当前北京具备的各项基础条件来看，北京应该力争将 2022 年 GDP 同比
实际增速维持在 5.3%～5.7% 区间，从而充分保证北京在"十四五"

期间高质量发展目标的有效实现。然而，也需要看到的是，北京经济当前面临需求过度收缩、供给转换和预期不确定三重压力。

（二）2022 年北京存在"需求收缩"乃至"需求过度收缩"

认识北京是否发生"需求收缩"乃至"需求过度收缩"现象，就需要从内需的四个重要构成部分——消费、投资、研发和出口着手进行分析。从内需角度分析北京 2022 年 GDP 增长将面临的境况，可以归纳为"两大需求收缩、两大需求扩张"，具体是消费可能过度收缩、投资可能过度收缩、研发呈现加快扩张、出口呈现加快扩张的现象。

（1）消费角度。

图 2 显示，在 2014 年之后，北京社会消费品零售总额同比增速落后上海社会消费品零售总额同比增速，而且二者差距比较稳定，但是北京社会消费品零售总额同比增速与全国社会消费品零售总额同比增速保持了基本一致的变化态势。具体来看，2014—2019 年，全国社会消费品零售总额同比增速保持相对稳定水平，北京社会消费品零售总额同比增速却出现了加速下滑态势，虽然上海社会消费品零售总额同比增速也呈现出逐步下滑态势，但是北京下滑幅度更大。在 2020 年遭受全球新冠肺炎疫情冲击之后，相比全国和上海，北京社会消费品零售总额呈现出更大的下滑态势，而且恢复能力也整体弱于上海乃至全国平均。

综合以上分析，我们可以将北京消费能力主导的内需变化趋势概括为 2014—2019 年的"内源性需求过度收缩"以及 2020—2021 年的"内源性需求过度收缩＋外源性需求过度收缩"双重叠加。"过度收缩"是

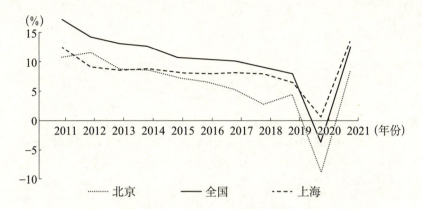

图 2　北京、全国和上海社会消费品零售总额同比增速的变化趋势

指北京消费能力相比上海乃至全国水平消费能力下滑趋势更为突出并且
恢复能力更弱的变化趋势。

对此现象的背后动因进行分析，可以得到的基本判断是：

第一，2014 年之后北京发生的"内源性需求过度收缩"现象在一
定程度上与 2014 年北京开始实施的疏解整治促提升政策有着较大关系。
从图 2 展示的数据来看，北京社会消费品零售总额同比增速恰恰是在
2014 年之后呈现出持续下滑，而 2014 年恰好是京津冀协同发展国家战
略出台以及北京着力推行疏解整治促提升政策的重要时点。具体来讲主
要是与北京在疏解整治促提升政策下消费人口规模的相对收缩密切相关
而与北京居民相对较高的消费能力水平变化并无紧密关系。图 3 北京和
上海居民人均消费支出同比增速的变化趋势显示，2011—2021 年，虽
然上海居民人均消费支出同比增速略高于北京，但是二者之间并无本质
性差异。这就说明，2014 年之后北京发生的"内源性需求过度收缩"
的重大现象，显然与北京居民人均消费能力的变化关系不大。

图3　北京和上海居民人均消费支出同比增速的变化趋势

第二，2020年全球新冠肺炎疫情冲击下北京发生的"内源性需求过度收缩＋外源性需求过度收缩"双重叠加现象背后的形成机制：一是新冠肺炎疫情对北京和上海这些以服务业为主导地区的消费能力必然造成更为突出的负面影响；二是北京作为地区消费中心城市和国际化大都市，在2014年各种批发市场的迁移以及2016年之后国外游客和访问者人数呈负增长态势，外地游客和境外游客在北京的消费数量减少，进而导致北京"外源性需求过度收缩"的现象发生。

（2）投资角度。

2021年北京固定资产投资（不含农户）同比增长4.9%，与全国固定资产投资同比增速4.9%持平，但却远远落后于上海的8.1%。其中第二产业部门固定资产投资同比38.2%的高速增长，是支撑北京固定资产投资维持在4.9%水平的核心力量。2021年北京各行业中固定资产投资同比高速增长的行业有：制造业增长68.3%，金融业增长68.2%，公共管理、社会保障和社会组织增长29.6%，卫生和社会工作增长

22.8％，信息传输、软件和信息技术服务业增长 20.0％，教育增长 17.4％，住宿和餐饮业增长 10.5％，房地产业增长 6.9％，批发和零售业增长 3.9％。存在较大幅度下滑的行业有：农、林、牧、渔业下降 59.7％，建筑业下降 36.8％，科学研究和技术服务业下降 25.7％，采矿业下降 21.9％，文化、体育和娱乐业下降 13.7％，水利、环境和公共设施管理业下降 18.2％，电力、热力、燃气及水生产和供应业下降 12.6％，等等。

可以发现，制造业和金融业这两大行业固定资产的高速增长是支撑北京 2021 年固定资产投资的核心力量。一方面，金融业一直是北京的优势产业，特别是在北京证券交易所、城市副中心绿色金融中心和丽泽金融服务区等重大项目推动之下，北京金融业固定资产投资必然迎来高速增长期；另一方面，支撑 2021 年北京制造业固定资产投资快速增长的因素，除了以智能制造为主的高精尖制造业发展之外，主要是以新冠肺炎防疫产品为主的医药制造业固定资产投资的高速增长带来的，这就导致了 2022 年北京固定资产投资增速可能具有不稳定性的特征。

从全国其他重点省份来看，2021 年，上海制造业固定资产投资同比增长 7.8％；广东工业投资同比增长 19.5％，高技术制造业投资同比增速为 24.8％；江苏制造业投资同比增长 16.1％；浙江制造业投资同比增长 19.8％。为此，在假定北京 2021 年制造业固定资产投资同比增速与上海持平的情形下，北京固定资产投资同比增速平均值只有 -0.722％；而在假定北京 2021 年制造业固定资产投资同比增速与浙江持平的情形下，北京固定资产投资同比增速平均值就只有 -0.056％。

这就充分说明，一旦北京制造业中以新冠肺炎防疫产品为主的医药制造业高速增长势头变为一般势头，将会对 2022 年北京固定资产投资增速带来极大影响，严重拖累北京 2022 年的 GDP 增速。

（3）研发活动。

研发活动已经构成国家或地区 GDP 的重要组成部分，北京作为全球领先的科技创新中心，研发投入规模必然对北京 GDP 产生更加突出的支撑作用。

2020 年北京 R&D 经费支出额为 2 326.6 亿元，大中型重点企业研究开发费用合计 2 193.5 亿元。而 2021 年北京大中型重点企业研究开发费用合计 3 030.6 亿元，同比增速为 31.4%。2021 年北京 R&D 经费支出额为 3 214.49 亿元，增速在 30% 以上。照此趋势，2022 年北京 R&D 经费支出仍然会保持 30% 以上的增速，R&D 经费支出额预计为 4 178.84 亿元。按照国家统计局的规定，地区 R&D 经费支出额的 80% 可以计入 GDP，因此 2022 年北京 R&D 经费支出对 GDP 的直接贡献可达到 3 343.07 亿元，相比 2021 年增加额为 771.48 亿元。假定 2022 年北京 GDP 同比增速为 5%，即 GDP 规模达到 42 283.08 亿元，2022 年北京的 R&D 投入增加额（771.48 亿元）对 GDP 增加额（2 013.48 亿元）的贡献至少达到 38.32%。

（4）出口活动。

2021 年北京以机电产品为主的高精尖制造业产品出口能力大幅度提升，机电产品出口额为 2 691.143 亿元，同比增幅高达 20.81%。其中，手机产品出口额为 851.068 亿元，同比增速高达 29.78%；电子元件产品出口额为 233.925 亿元，同比增速高达 39.60%；汽车零配件产品出口额为 130.020 亿元，同比增速高达 43.26%。高新技术产品出口额为 2 606.353 亿元，同比增速高达 90.03%。其中，生物技术产品出口额为 926.910 亿元，同比增速高达 4 931.24%；生命科学技术产品出口额为 203.745 亿元，同比增速高达 22.38%；计算机与通信技术产品出口额为 974.415 亿元，同比增速高达 27.18%；电子技术产品出口额为 263.088 亿元，同比增速高达 29.40%。

2021 年北京出口额为 6 118.469 亿元，同比增速为 31.18%。基于以上数据，可以明确判断，高精尖制造业产品的出口能力大幅度提升，已经成为支撑北京 GDP 的重要因素之一，2022 年北京出口额仍然会延续 2021 年 30%以上的高增速态势。因此我们认为，北京已经初步具备了打造全国高新技术产品的出口基地的能力，进入可以利用高新技术产品出口扩张来支撑 GDP 的重要发展阶段。

（三）北京面临的供给转换现象

2022 年北京的供给部门面临四大转换：一是从依赖服务业对 GDP 的支撑作用向逐步提升工业部门对 GDP 支撑作用的过程转换；二是从依赖新冠肺炎防疫产品对 GDP 的支撑作用向逐步强化高精尖制造业对 GDP 支撑作用的过程转换；三是从国有企业部门向股份制企业和外商及港澳台投资企业转换；四是从中型规模企业主导的供给力量向增强小型规模企业与大型规模企业在供给体系中的力量转换。

第一，从依赖服务业对 GDP 的支撑作用向逐步提升工业部门对

GDP 支撑作用的过程转换。2021 年北京增加值规模相对较大的行业依次是金融业，信息传输、软件和信息技术服务业，工业，批发和零售业，房地产业和租赁和商务服务业，这些行业增加值占 GDP 比重均超过 5%，比重依次为 18.88%、16.23%、14.14%、7.82%、6.47% 和 6.05%，成为支撑北京 2021 年 GDP 的主要力量。然而，从金融业，信息传输、软件和信息技术服务业，批发和零售业，房地产业和租赁和商务服务业等行业增加值的同比增速来看，其分别为 4.5%、11.0%、8.4%、4.6% 和 3.4%，只有信息传输、软件和信息技术服务业增加值同比增速超过了北京 GDP 8.5% 的同比增速，是 2021 年北京 GDP 增加部分的主导力量。经过测算，2021 年北京工业部门增加值的增加额对 GDP 增加部分的贡献率高达 18%，高于 2020 年的贡献率 12%。由此得到的基本判断是，北京正处于由服务业支撑 GDP 增长向工业部门支撑 GDP 增长转换的特定阶段。

第二，依赖新冠肺炎防疫产品对 GDP 的支撑作用向逐步强化高精尖制造业对 GDP 支撑作用的过程转换。2021 年北京规模以上工业行业中，增加值同比增速依次为医药制造业（252.1%），废弃资源综合利用业（61.4%），有色金属冶炼和压延加工业（56.1%），石油和天然气开采业（25.6%），纺织服装、服饰业（20.3%），计算机、通信和其他电子设备制造业（19.6%），其他制造业（18.5%），造纸和纸制品业（11.0%），仪器仪表制造业（10.3%），通用设备制造业（9.9%）。这些行业增加值增速均超过北京 GDP 8.5% 的增速水平，是推动北京 GDP 增长的核心工业部门。

由此可以发现，2021 年北京工业部门的超常规增长态势主要是由
以新冠肺炎防疫产品为代表的医药制造业和高精尖制造业两大部门来支
撑的。但是新冠肺炎防疫产品在 2021 年的爆发式增长态势在 2022 年则
面临较大的不确定性，成为北京在 2022 年面临供给冲击的关键因素。
但是也要看到计算机、通信和其他电子设备制造业，其他制造业，仪器
仪表制造业，通用设备制造业等高精尖制造业部门的增长态势比较稳
定，创造增加值的规模也相对较大，是创造北京 2022 年 GDP 增速的核
心力量。而类似传统产业的有色金属冶炼和压延加工业，石油和天然气
开采业，纺织服装、服饰业，其他制造业，造纸和纸制品业等产业，只
要赋予创新研发投入和智能制造成分，实质上也可被定义为符合北京定
位的高精尖制造业，在北京经济中呈现出相当的发展活力，构成 2022
年北京 GDP 的支撑力量。

第三，从国有企业部门向股份制企业和外商及港澳台投资企业转
换。一方面，2021 年规模以上工业企业中，国有企业增加值同比增
速只有 2.3%，而股份制企业和外商及港澳台企业增加值同比增速分
别为 26.1%和 40.8%。由此可见，在工业部门中，2021 年北京的
GDP 增加部分主要是由股份制企业和外商及港澳台企业部门来支撑
的。另一方面，2021 年规模以上服务业部门中，国有企业部门的营
业收入为 9 958.3 亿元，利润为 1 602.8 亿元。对比来看，有限责任
公司、股份有限公司和私营企业的主营收入分别为 72 534.0 亿元、
25 062.7 亿元和 24 963.7 亿元，利润分别为 14 584.2 亿元、8 186.7
亿元和 628.3 亿元。而港澳台商投资企业和外商投资企业的主营收入

分别为 19 246.7 亿元和 18 989.2 亿元，利润分别为 1 156.6 亿元和 2 998.6 亿元。

2021 年随着北京疏解整治促提升政策的深入推进，部分不符合首都功能定位的央企总部需要逐步迁出，导致普遍担忧其很有可能严重影响北京 2022 年 GDP 增长动力。而我们发现，无论是从工业部门还是服务业部门来看，2021 年国有企业对北京 GDP 的支撑作用，已经远远小于各种类型的股份制企业以及外商及港澳台企业。最为直接的证据是，规模以上工业中的股份制企业和外商及港澳台企业增加值同比增速分别为 26.1% 和 40.8%，远远高于国有企业的 2.3%；规模以上服务业中的有限责任公司、股份有限公司和私营企业的主营收入是国有企业部门的 12.31 倍，利润是 14.50 倍。港澳台商投资企业和外商投资企业的主营收入是国有企业部门的 3.84 倍，利润是 2.59 倍。由此可以发现，由于国有企业部门在北京整体经济体量中的比重相对较小，即便部分央企从北京逐步迁出，对北京 2022 年 GDP 并不会产生根本性的影响。

第四，从中型规模企业主导的供给力量向增强小型规模企业与大型规模企业在供给体系中的力量转换。2021 年中型规模以上工业企业的增加值同比增速为 79.9%，而大型和小型规模以上工业企业的增加值同比增速分别为 22.8% 和 7.7%。从所有行业的中小微企业经营情况来看，2021 年 1—3 季度，中型、小型和微型企业的主营业务收入分别为 33 237.0 亿元、14 595.1 亿元和 4 116.2 亿元，利润分别为 2 508.6 亿元、564.4 亿元和 691.0 亿元，增速分别为 130.7%、

52.9%和1.9%。由此可以发现，中型规模企业的发展最为良好，利
润增速最高，对GDP的支撑效应最为重要。而工业部门中大型企业
对GDP的支撑效应未得到有效发挥，微型企业对GDP支撑效应更是
不足，说明在2022年及今后一段时期内，应该强化大型企业和微型
企业对GDP的支撑作用。

（四）北京存在的诸多预期不确定性

第一，2022年北京消费者信心方面的不确定因素。2021年北京人
均可支配收入同比增速为8.0%。其中工资性收入增长10.2%，经营净
收入增长15.8%，财产净收入增长5.7%，转移净收入增长3.5%，均
呈增长态势。但是从2021年消费者信心指数及其具体构成部分来看，
却存在相当的不确定性。从消费者信心指数来看，2021年4个季度的
环比变化值分别为1.8、−0.8、−0.5和0.7，低位徘徊的态势非常明
显。而从消费者满意指数来看，2021年4个季度的变化值分别为0.4、
−0.8、0.9和0.6，低位徘徊的态势也非常明显；从消费者预期指数来
看，2021年4个季度的变化值分别为2.7、−0.9、−1.4和0.8，持续
下滑的态势非常明显。其中，就业状况满意指数的4个季度变化值分别
为1.6、−0.2、1.8和−1.3，就业状况预期指数的四个季度变化值分
别为0.8、2.2、−3.2和−0.6，由正转负的态势非常突出，说明北京
居民对2021年就业状况整体存在信心不足，显然也会对2022年北京宏
观经济形势产生难以忽略的负面影响。

第二，工业部门很大程度上影响着宏观经济形势，而工业部门的盈

利能力，既是判断当前和未来工业运行状况的重要因素，也是影响工业部门未来投资信心的核心因素。2021 年全国工业品连续涨价使得企业利润向上游产业转移，中下游产业生产成本明显上升，利润空间持续受到挤压，2022 年中小微企业依然将面临较大生产经营压力。而工业部门出厂价格指数和购进价格指数是影响盈利能力的重要因素，当工业部门购进价格指数上涨幅度远大于出厂价格指数时，必然会对工业部门利润能力产生明显的挤压效应。图 4 和图 5 显示，无论是从同比角度还是环比角度来看，均可以发现，2021 年 4 月之后，北京工业部门购进价格指数上涨幅度出现了远大于出厂价格指数的情形，而且这个差距在2021 年 4—12 月之间表现出相当稳定的特征，由此趋势可以判断，2022 年这种现象仍然会持续一段时间，对北京工业部门的盈利能力造成不可忽略的负面冲击效应，抑制整体盈利能力，从而影响工业部门对北京 GDP 的支撑作用。

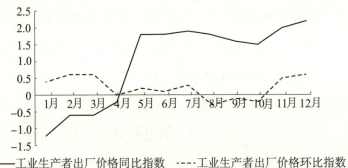

图 4　2021 年北京工业生产者出厂价格指数

　　第三，2021 年北京商品住宅销售价格的相对稳定，表明北京 2022年房地产投资依然可维持稳增长态势，从而有效激发和稳定房地产投

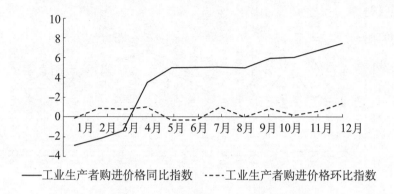

图5　2021年北京工业生产者购进价格指数

资对北京 GDP 的支撑作用。北京商品住宅的价格变化趋势，既是反映
地区未来住房投资的重要指标，也是反映地区经济发展活力的重要指
标。如图6所示，自2021年6月以来，北京的二手房销售价格环比指
数出现了小幅下降态势，到2021年12月又出现明显反弹。而北京的新
建商品住宅销售价格环比指数则在2021年1—12月呈现稳定式的小幅
波动态势。如图7所示，从2020年4月开始，北京的二手房销售价格
同比指数稳步上涨，2021年3月至2021年9月呈现高位稳定状态，之
后出现缓慢下降态势。而在2020年1月至2021年12月，北京的新建
商品住宅销售价格同比指数也呈现出基本稳定式的波动态势。依据这些
信息可以发现，减量发展导致的北京人口结构变化和经济预期水平，并
未对北京商品住宅价格造成较大的负面影响，北京在2022年房地产投
资依然可维持稳增长态势，从而有效激发和稳定房地产投资对北京
GDP 的支撑作用。

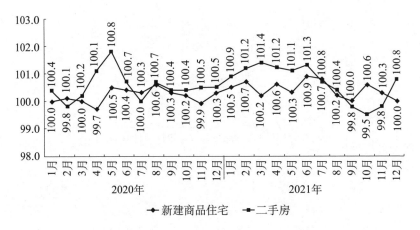

图 6　2020 年和 2021 年北京商品住宅销售价格环比指数

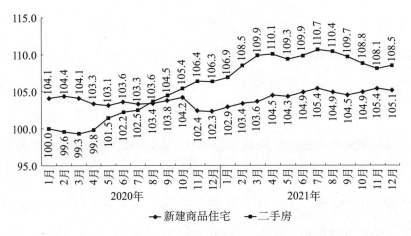

图 7　2020 年和 2021 年北京商品住宅销售价格同比指数

三、三重压力下北京落实"稳字当头、稳中有进"的具体途径

鉴于以上对北京所面临的需求过度收缩、供给转换和预期不确定三

重压力的综合分析，可以明确预测 2022 年北京经济增长将面临难以忽略的下行压力，四方面因素对北京经济稳定增长将形成制约：一是 2022 年北京仍处于以"2441"高精尖产业主导的新供给力量逐步替代旧供给力量，内生增长动力有所减弱的特定转换时期。二是 2022 年北京供需两端偏弱的状态还有可能持续。供给方面受成本上涨、减排环保、"双限"和能源短缺等影响，内需消费的恢复受疫情影响仍有一定不确定性。三是"四期叠加"形成负面效应：美联储货币政策开启收紧周期，中国货币政策空间受挤压；主动去库存周期，对投资形成下降压力；房地产下行周期，拖累北京的相关产业和消费；信用偏紧周期，信贷社融增速下降导致北京市场融资环境偏紧。四是北京 2021 年高基数对 2022 年经济增速产生抑制效应。为此，2022 年北京各级政府应尽快落实符合北京发展实际情况的"稳字当头、稳中有进"的工作总基调。

第一，尽快加大对北京和京津冀区域内的新型基础设施、一体化基础设施（重点落在北三县）和体现国家战略科技力量的科技创新基础设施的"三位一体"基础设施建设。"十四五"时期，北京除了在体现首都政治中心、国际交往中心和文化交流中心的战略定位方面，全面建设一批重大标志性场馆、建筑和基础设施体系之外，还缺乏三个方面的认知：一是打通和构建联结北京南北产业带和各重点产业园区之间的重要交通基础设施通道。客观事实是，北京已经形成了以昌平—海淀为主的北京北部产业带和以经济开发区—丰台—大兴—通州—房山为主的北京南部产业带，这两大产业带之间会逐步形成人才链、创新链和产业链之间的密切交流机制，因此需要构建特定的交通基础设施加以支撑。二是在打造京津冀产业协同发展体系中缺乏真正一体化的交通基础设施链接网络体系。现阶段北京与河北的北三县优先构建高精尖产业主导的产业链、供应链、人才链、创新链的一体化协同发展体系却受制于北京不能跨省直接帮助河北北三县进行基础设施固定资产投资的政策障碍，进而成为推动京津冀协同发展的"卡脖子"难题。三是北京不能将新型基础设施的范围局限在交通领域或信息网络体系领域，而是要着重瞄准体现国家战略科技力量的重大科学实验装置和各种国家重点实验室、国家工程中心和国家技术创新中心等领域，更要构建一大批新型科研机构和关键核心技术创新突破研究院，将之作为北京新型基础设施建设的重中之重。

第二，加快北京特色的城市更新行动计划的实施。依据《北京市城市更新行动计划（2021—2025 年）》的精神，2022 年是全面启动北京特色的城市更新行动计划的关键时间点，必须在首都功能核心区平房（院落）申请式退租和保护性修缮、恢复性修建，老旧小区改造，危旧楼房改建和简易楼腾退改造，老旧楼宇与传统商圈改造升级，产业园区"腾笼换鸟"和老旧厂房更新改造，城镇棚户区改造等六个方面集中发力。然而，经过我们的实地调研，符合北京特色的城市更新行动计划还可以额外关注的是：尽可能在各个社区强化基础体育设施建设，并且将绿化区和基础体育设施的建设密切结合在一起加以统筹考虑。比如，按照人口集聚和就近原则专门建设小型的足球场和篮球场，不要将社区体育基础设施仅仅定位为为老年人口服务，也应扩大到青少年和工作人群。

第三，实施新的规模性减税降费政策，力保北京创新型中小微企业

的活力和竞争力。一方面，在保持原有阶段性减税降费政策延迟退出的
情况下，北京可以尝试在国家政策指导下进一步加码减税降费力度，更
大程度地助力企业降低生产经营成本，增强实体经济部门的活力，促进
内需进一步复苏。另一方面，针对北京地区集中分布的创新型中小微企
业的基本特征，北京可以考虑实施专门的小额研发补贴政策。比如，每
家研发投入强度超过 12％的企业，可以享受 20 万元的企业研发补贴
额；只有持续性地进行高强度创新研发投入的企业，才能最终在市场竞
争中胜出，针对那些研发投入强度连续三年内全部超过 12％的中小微
企业，可以加大政府研发补贴金额力度，享受 30 万元～40 万元的企业
研发补贴额；将北京各级政府实施的各种形式的影响企业生产成本而违
背市场公平竞争原则的产业补贴资金或专门的中小微企业扶持资金，全
部转变为针对中小微企业研发投入活动的政府扶持政策。

第四，强化符合北京定位的消费持续恢复促进政策举措。依据《中
共北京市委办公厅、北京市人民政府办公厅关于印发〈北京培育建设国
际消费中心城市实施方案（2021—2025 年）〉的通知》的基本精神，
2022 年是北京全面启动北京特色的国际消费中心城市建设的关键时间
点，必须在消费新地标打造行动、消费品牌矩阵培育行动、数字消费创
新引领行动、文旅消费潜力释放行动、体育消费质量提升行动、教育医
疗消费能级提升行动、会展消费扩容提质行动、现代流通体系优化升级
行动、消费环境新高地创建行动和消费促进机制协同保障行动等方面集
中发力。事实上，在北京持续推行的疏解整治促提升政策的影响作用
下，再叠加教培和互联网等部分行业出现大面积裁员以及部分央企从北

京搬离，2021 年乃至 2022 年北京消费必然会出现较大波动，在一定程度上会对北京消费产生较为突出的负面影响。针对北京内需结构表现出的内源性需求过度收缩＋外源性需求过度收缩双重叠加效应，一方面，在北京人口规模受到约束和居民收入稳定增长的情形下，短期内北京依靠挖掘和提升内源性消费的空间极为有限，但是仍然可有挖掘的重点方向，比如瞄准北京中高收入阶层由于孩子增多而产生的替换性住房需求，主要由 80～90 平方米升级到 130～140 平方米住房需求；还有家庭对汽车的需求，特别是北京目前仍然有 34％的家庭没有任何家用汽车，这就可以释放出巨大的家用汽车需求。另一方面，北京当前的着力重点应该瞄准与开发外源性消费能力。从北京开发外源性消费能力的渠道来看，一是作为我国独特的历史和现实首都文化的消费价值，二是作为现代化大都市的全国消费价值，三是作为区域中高端产品的消费中心，四是作为中国传统文化、中国特色的现代化大都市和中国优势的中高端产品的全球消费中心，五是作为全球培育中高端人才的"留学北京"教育消费中心。由于全球新冠肺炎疫情冲击以及国内的需要，这些外源性消费能力并未得到有效释放。进入 2022 年，随着全球新冠肺炎疫情的逐步控制和各国的逐步放开，北京会逐步迎来外源性消费能力释放的重要时机。

第五，积极扩大有效投资来增加内生动力。"十四五"时期，是北京实施供给转换的关键时期，主要是由不符合北京首都功能定位的低端产业结构向以"2441"主导的高精尖产业体系转变，从而从根本上塑造支撑北京高质量发展的现代产业体系及其强大的经济内生性增长动力机

制。北京在 2021 年推出和启动"3 个 100"市重点工程项目，包括 100
个重大科技创新及高精尖产业项目、100 个重大基础设施项目和 100 个
重大民生改善项目，总投资超 1.3 万亿元，2021 年计划完成投资约
2 780 亿元、建安投资约 1 256 亿元，支撑全市投资三成以上。2022 年
北京将继续实施"3 个 100"市重点工程，突出扩大有效投资促进新需
求，总投资约 1.2 万亿元，年内计划完成投资 2 802 亿元。2022 年是北
京高质量投资支撑 GDP 的关键节点，北京把预计于 2023 年及以后年度
开工的 200 个重大项目列入 2022 年前期推进项目，并力争推动一批项
目提前至年内开工。

　　然而，一方面，从 2021 年"3 个 100"市重点工程的实施效果来
看，存在的问题有：（1）2021 年北京固定资产投资（不含农户）比上
年增长只有 4.9%，效果并不理想。（2）2021 年北京基础设施投资下降
8.9%，效果更不理想。（3）2021 年第三产业投资增长 3.0%。（4）表
面上来看，2021 年北京制造业投资增长 68.3%，其中高技术制造业投
资增长 99.6%，但是，剔除新冠肺炎防疫产品为主的医药制造业之后，
2021 年北京制造业投资增速可能只维持在 20% 左右。在此水平下，
2021 年北京固定资产投资增速可能只有 2.5%～3.5%。由此表明，北
京 2021 年在推动高精尖制造业固定资产投资方面仍然未达到理想水平。
另一方面，2022 年，全社会研发投入特别是各类大中型重点企业乃至
小微企业研发投入将处于快速增长通道之中，倘若能保持 30% 以上的
增速，其额外创造的研发投入增量就可以支撑 2022 年北京 GDP 增量的
三分之一左右。因此，北京必须把强化各类主体的研发投入作为支撑北

京投资增长乃至 GDP 可持续增长的核心力量。

第六，主动强化北京在畅通国民经济循环和促进国内产业链大循环体系形成方面的主导力量。2021 年底的中央经济工作会议提出要着力畅通国民经济循环和提升制造业的核心竞争力，并增强供应链的韧性。2022 年是"十四五"规划的第二年，如果说 2021 年需要一系列促增长的措施来加快经济恢复的步伐，那么在 2022 年追求稳增长的同时，更需要向经济高质量发展进一步迈开步子，加快制造业向中高端转型，提高产业链和供应链的稳定性和竞争力。未来一个时期的政策目标是充分发挥全工业体系和全产业链的优势，依托政策和资金的扶持，通过国内生产结构的调整和体制机制改革，深化和畅通内部经济循环，依靠内部力量补齐制造业短板，大力发展世界级先进制造业集群。客观事实是，尽管我国拥有全球唯一的全产业链，但在全球遭受新冠肺炎疫情冲击导致大宗原材料价格大涨的情况下，全产业链的部分环节依然较为薄弱。因此在大力发展中高端制造业的同时，也需要努力提升上游关键生产设备、关键零配件和中高端基础元器件、关键材料和关键工艺的生产能力，最大限度地摆脱受制于人的困境，进一步增强全产业链各个环节的厚度，提升供应链韧性来抵御突发性的全球发展安全风险。北京打造全球领先的科技创新中心，必须在构建全球领先的国家战略科技力量＋全球前沿的关键核心技术创新突破能力＋全球技术创新能力领先的本土高科技跨国企业的"三位一体"的高水平科技自立自强能力方面起到示范作用。然而，北京虽然拥有全国实力最强的各类科研机构，但是并未成为当前我国众多重点产业链面临的"卡脖子"关键核心技术创新领域的提供者，尤其在集成产品提供能力方面严重滞后于上海和深圳，从而影响了北京在畅通国民经济循环和促进国内产业链大循环体系形成方面的主导力量的发挥。

第七，加大对创新型中小微企业助企纾困力度。2021 年底的中央经济工作会议指出微观政策要激发市场主体活力。在上游原材料成本上涨和终端需求增速放缓的双重压力下，下游中小微企业利润率下滑、债务负担加重。因此，应以市场化、普惠式方式加大帮扶力度，助力中小微企业纾困，稳定市场预期和就业，促进工业经济平稳运行。

北京的中小微企业多数是创新型中小微企业，加大对中小微企业助企纾困力度应该瞄准创新型中小微企业面临的核心发展问题：一是要切实降低创新型中小微企业的税务负担，充分发挥新调整的研发加计扣除政策和高新技术企业减税政策，对符合条件的创新型中小微企业提供减税缓税优惠。二是要保障创新型中小微企业款项结算便利。2021 年以来中小微企业面临应收账款增长较快、被拖欠情况增多的重大问题，应严格执行《保障中小企业款项支付条例》，整治滥用市场优势地位恶意拖欠账款行为，抓紧制定完善《优化营商环境条例》等法规的相关配套政策，从根本上减少和防范拖欠账款问题。三是要真正降低创新型中小微企业经营费用，对创新型中小微企业在减免租金、水电费等方面给予支持，减轻企业负担。四是要优化普惠金融执行效果。应优化商业银行普惠信贷发放指标的制定，给予银行基于企业研发投入能力、经营能力、行业前景等制定合理的信贷规模及价格标准的权限；应充分挖掘小微企业在信贷之外的其他需求，提供综合、深化的金融服务，帮助提升小微企业核心竞争力，避免形成"杠杆依赖"；可提倡通过"随借随还"等信贷供给方式降低实际支付利率，同时挤压套利空间、降低银行风险。

第八，加快实施符合北京实际情况的合理住房需求政策。2021年底中央经济工作会议提出："要推进保障性住房建设，支持商品房市场更好满足购房者的合理住房需求，促进房地产业健康发展和良性循环。"针对当前房地产投资下行较快、楼市偏冷的局面，此次会议的政策基调针对住房需求也有了新的提法。政策延续了2021年9月央行提出的两个"维护"，预计金融机构将对资质优良的房地产开发企业合理的融资需求以及居民刚性和改善型购房需求，在风险可控的基础上，提供更为合理的金融支持，房地产行业预期有望逐步改善。

北京在挖掘和释放合理住房需求方面有进一步的空间，具体体现在：（1）改善型需求。在鼓励生育政策的刺激下，拥有二孩或三孩的家庭存在住房规模改善的需求。（2）工作地点变换型需求。随着北京城市副中心在通州地区行政、教育、金融和医疗功能的逐步提升，北京的政府行政机构、大学机构、金融机构和某些三甲医院逐步迁移到通州地区，导致这些机构的工作人员必须由市区迁移到通州地区长期工作生活，这就必然在这些人群中产生大量的购房住房需求。而受制于北京购房资格的严格限制，导致这些购房需求被压制。（3）重点产业园区的购房住房需求。随着北京北部产业带和南部产业带的发展壮大，各类人才进一步集聚到这些地区的重点产业园区，从而对这些产业园区邻近的地区产生较为强烈的购房住房需求。北京各级政府在规划中应在重点产业园区邻近地区增添住房需求计划，从而充分实现"就近工作、就近生活"的职住平衡发展模式。

为此，北京房地产行业政策可从以下几个方面进行调整：一是支持首套房贷，特别是针对以上三类群体的购房需求，商业银行将加快按揭贷、开发贷审批和发放速度，特别是针对首次置业的人群，满足购房者的合理需求。二是针对以上三类群体可以小幅调降房贷利率，适度降低购房者融资成本。考虑到央行已经在同期调降金融机构存款准备金率，商业银行存贷比偏紧的状况得到阶段性改善，银行房贷利率有望适度走低。三是进一步增加对保障性租赁住房的金融支持，在管理、品质、标准、房源筹集等多方面实施创新政策，推进保障房建设。四是改善房地产企业短期融资环境，提供合理稳定的金融支持，提升直接融资比例，多层次、多元化利用好债券、信托、股权、资产证券化（ABS）、公募REITs 等融资工具，促进房地产业健康发展和良性循环，助力房地产投资保持稳定。

第九，促进科技政策加快落地。2021 年底中央经济工作会议提出，继续抓好关键核心技术攻关，强化国家战略科技力量，实现科技、产业、金融良性循环。一是"卡脖子"技术突破和核心科技创新是推动我国经贸可持续发展的重要途径。当前中美经贸关系释放缓和信号，但量子运算、信息技术、芯片制造等诸多企业仍在美国出口管制清单范围内，核心技术攻关仍需依靠自身驱动。二是新兴产业政策实施更加精准滴灌。"加快落地"强调了产业政策的保障和推动作用，在适度超前基建和跨周期调节的政策作用下，预期将加大对企业科技创新、绿色低碳的投入支持，政策激励和保障措施将更加务实和精准。三是提升金融政策对新技术发展的支持推动作用。"科技、产业、金融良性循环"是对核心科技新兴产业发展的重要表述。在双碳环保政策引导下推出碳减排支持工具，通过"先贷后借"直达机制和 1.75% 的定向降息方式，支持碳减排技术创新发展。今后金融机构将不断加强对实体经济的支持力度，2021 年 9 月设立的北京证券交易所也明确将重点为"专精特新"的创新型中小企业提供更好的融资支持。

北京在出台促进科技政策加快落地方面的独特优势有：（1）可以利用北京证券交易所的独特定位，加快培育和发展北京乃至京津冀地区的"专精特新"创新型中小企业、关键核心技术创新突破企业以及产业链供应链的优势企业。不过北京证券交易所的优质企业资源，面临上海证券交易所科创板和深圳证券交易所科创板的直接竞争，而且相比刚成立的北京证券交易所，上海证券交易所科创板和深圳证券交易所科创板更具有竞争优势。没有特殊的机制体制创新，北京证券交易所很有可能面临发展困局，因此，如何充分利用北京证券交易所在机制体制方面的先行先试，激发北京证券交易所对优质"专精特新"创新型中小微企业的吸引优势和培育功能，是北京 2022 年必须重点推进的改革任务。（2）通过实地调研发现，北京的中小微企业，只有持续性（十年以上）地注重高研发投入才能最终获得市场竞争优势和自立自强能力，这应该是北京科技政策扶持的重点对象。针对那些研发投入强度连续三年或五年超过 12% 或 15% 的"专精特新"创新型中小微企业，北京必须从顶层设计、先行先试政策优势的角度，依据企业研发投入强度的差异性，探索

针对这些企业实施积累型的研发加计扣除政策、高新技术企业减税政策
以及专门的政府创新研发补贴资金，特别是对企业基础研究和应用研究
领域的研发投入加大提供政府补贴资金扶持力度。（3）北京需要通过自
身拥有的全国领先的国家战略科技力量，强化对新型科研机构的培育和
发展，特别是鼓励事业单位性质、政府所属科研机构、高校和企业等联
合创办各类新型科研机构，鼓励科研机构和企业联合组建关键核心技术
创新协同攻关突破机制。

专题报告

探索首都北京社会资本参与城市更新的新模式与对策建议

依据中共北京市委办公厅和北京市人民政府办公厅印发《北京市城市更新行动计划（2021—2025 年）》的通知，在坚持城市更新行动与疏解整治促提升专项行动有效衔接、规划利用好疏解腾退的空间资源、聚焦城市建成区存量空间资源提质增效以及不搞大拆大建等原则基础上，对首都功能核心区平房（院落）申请式退租和保护性修缮、恢复性修建，老旧小区改造，危旧楼房改建和简易楼腾退改造，老旧楼宇与传统商圈改造升级，低效产业园区"腾笼换鸟"和老旧厂房更新改造，城镇棚户区改造等六大领域实施城市更新行动。

一、北京吸引社会资本深入参与城市更新面临的问题及障碍

第一，面临谁是开发主体的核心问题。如表 1 所示，根据我们的实地调研和比较分析，北京当前在落实城市更新计划的进程中存在两个方面的典型问题：一方面，民营资本和外资资本为主的社会资本似乎难有

参与机会。北京当前规划的六大城市更新计划领域内，有四大领域基本上最终需要各级政府机构部门作为落实主体，两大领域则需要以相关国有企业作为落实主体，这就导致了北京当前推进的城市更新计划对政府主体的依赖性。另一方面，多数项目投资的重资产特征与企业的轻资本投资经营模式并不完全匹配。当前，深圳、成都等城市采取民营经济的轻资产嫁接在政府提供的重资产平台上、政府通过税收与企业分享收益的方式来获得资本投入回报的城市更新合作模式，然而在此类城市更新经营模式中，城市更新项目的大部分费用仍然来自政府，而企业则更偏向轻资产运营模式。这种更新模式虽然可以减轻相关企业运营成本负担，也厘清了部分复杂产权问题，但是，该模式未必适合北京当前城市更新的六大领域任务，并不能从根本上解决政府主体依赖难题。

表 1　北京城市更新行动不同项目类型面临问题的比较分析

项目类型	谁是开发主体的问题	钱从哪里来的问题
首都功能核心区平房（院落）申请式退租和保护性修缮、恢复性修建	由单位或私人转向政府，区分为公对公、私对公两种类型	各级政府财政资金主导
老旧小区改造	政府主导	各级政府财政资金主导
危旧楼房改建和简易楼腾退改造	政府主导	各级政府财政资金主导
老旧楼宇与传统商圈改造升级	国有企业主导＋政府辅助	企业经营资金主导（重资产类型）
低效产业园区"腾笼换鸟"和老旧厂房更新改造	国有企业主导＋政府辅助	企业经营资金主导（重资产类型）
城镇棚户区改造	政府主导	各级政府财政资金主导

第二，面临钱从哪里来的严峻问题。按照北京城市更新行动计划的

要求，除城镇棚户区改造外，原则上不包括房屋征收、土地征收、土地储备、房地产一级开发等项目，这就意味着必须符合北京战略定位和减量发展为导向的城市有机更新模式，可概括为建筑基本保留、少量拆建，以"提质增效"为城市更新目的。但是，这种城市有机更新模式必然面临开发周期较长、投资方利润率相对较低等一系列关键问题，从而导致投资方和执行方面临着资金从哪里来的严峻问题。这突出表现在：一方面，在"十四五"期间，北京遭受新冠肺炎疫情冲击、疏解整治促提升和高精尖产业体系转换等多重因素的叠加作用下，北京财政收入必将较长时期处于紧平衡态势，难以动用大量政府财政资金来推动北京的六大领域城市更新计划。而从北京这六大领域城市更新计划的内容来看，恰恰是以政府财政资金投入为主导，这种矛盾短期内不可调和。另一方面，北京当前这六大城市更新领域开发项目面临开发周期较长、项目前期投资额巨大、商业盈利能力较弱和投资方利润率相对较低等四大困局，亟须积极利用和创造社会资本特别是非政府资金和非国有资本深度参与北京城市更新计划的新模式、新机制和新路子。

第三，面临缺少联动统筹决策部门的重要问题。目前北京的城市更新行动计划缺少真正可行的联动决策部门，由于存在规划、消防、工商等部门法规与旧建筑条件不相符合的现象，现有政策套用无法运行，导致运营者不得不长期面对执法部门的处罚，从而给运营者增加不必要的成本负担，影响投资方参与和运营这些城市更新项目的积极性。并且在具体施工过程中，现行的法规条例难以适用于城市更新项目，也可能导致大量项目难以被重新有效利用。因此，经过政府腾退后的城市更新项目，应根据运营内容重新确定房屋性质，如住改商、商改住等。这些问题突出表现在：一是北京城市更新建筑所面临的具体问题。诸如城市核心城区内建筑结构不宜改动，疏散宽度、疏散出口难以满足市场要求，核心城区缺少集中消防供水设施，单独设置水源对建筑物业要求极高且占用经营面积。屋顶增建机房的消防要求与城市管理冲突，要尽快制定系统性、协同性、针对性的综合处理机制。二是在部分工业园区和传统商圈的改造进程中，不少地方政府存在"一管就死"的现象。针对消防验收、加建加层等一系列新问题，有必要通过专家团队进行探索性研究，引入第三方的科学评估标准，进行政策改革突破口的探索，再将先进性经验进行推广，根据实施效果不断细化管理规则，从而实现北京特色的城市更新中政企合作的良性循环机制。

第四，面临金融支持政策不明确的突出问题。经过我们的实地调研，北京在实施六大领域城市更新项目进程中，面临如何科学调动和协调金融机构全面参与和支持城市更新项目的关键政策缺失问题。突出表现在具体城市更新项目中，银行机构在放贷过程中仍会将城市更新项目与房地产开发项目归为一类，按照相同利率处理，存在"一刀切"现象，使得社会资本和企业主体进入城市更新领域的融资门槛相对较高，严重影响了社会资本和企业主体进入城市更新领域的积极性。因此，一方面要主动探索如何利用国家政策性金融对城市有机更新的支持政策筹集资金，并引导北京相对发达和密集的商业金融机构通过创新服务产品和探索新型金融工具支持城市有机更新项目资金筹措。另一方面，要鼓励银行等金融机构利用自身优势全面对接北京各政府机构部门和各级政府掌管的城市更新项目，构建金融机构全业务链参与北京城市更新项目的新机制和新模式。尤其要鼓励金融机构从自身的公司金融部、投资银行部等部门建立信息共享机制，平行沟通、评审前置，力求提供更加高效敏捷的金融服务，进而从项目评估规划、方案设计、建设和运营方案、可行性分析、立项、入库、融资模式等环节，实施全流程的一揽子新型金融服务体系。

二、全面探索促进社会资本深入参与北京城市更新计划和项目的新模式

第一，探索和创造北京特色的人文性和现代性的整体综合解决方案的新模式。北京特色的城市更新，并不是狭义的旧城改造或者存量资产的提升，而是将现代化城市特色、居民宜居性、首都文化特色彰显、公共服务便利性等这些重要因素，纳入一个全新的复杂性的新型空间之中加以重新优化升级。这就意味着北京在城市更新项目的实施进程中，须将住宅用地、商业用地、公共功能用地、文化传承特色和现代化城市建筑特色等众多功能因素承载在新改造体之中，进而探索和打造一个符合首都特色的集建筑、居住和文化等多种特色因素的新型载体空间。

第二，探索和创造北京特色的城市有机更新的全业务链条覆盖的投融资模式和运营体制。一方面，鉴于北京六大领域城市更新项目的本质特性以及破解资金筹集面临困局的较优解法，客观来说，只有政府资本方可承受如此巨大的项目风险。为此，从优化政府资本投资的角度来

看，可考虑探索和实施政府城市更新投资基金化、建设信贷化和证券运营化的新机制，可考虑城市更新项目前期设立政府引导母基金的方式，引导社会资本参与，实现资本的两级放大功能。另一方面，为了增加北京城市更新项目的盈利能力特别是全业务链条的可持续盈利能力，可采取 EPC＋O 的城市更新模式。具体来讲，EPC 为工程总承包，而 O 则意味着投资方主体需要在工程总承包的基础上向后期运营经营领域延伸，进而构建城市更新项目的全业务链条运营新模式，进而增加北京城市更新项目吸引社会资本参与的投资价值，尤其要发展投资方主体和设计单位、建设单位、运营单位形成投标联合体和联合企业。

第三，主动探索和设立针对北京城市更新行动的股份制上市企业主导和运营新模式。基于北京六大领域城市更新项目的内在特征和核心逻辑，即便充分借鉴其他城市已经探索出的一些城市更新新模式，但要真正科学有效地解决北京这六大领域城市更新项目进程中存在的诸多核心问题，还迫切需要摸索和设计出符合北京实际情况的新模式。比较合理的解决方案是设立北京城市更新投资和运营有限公司＋股份制上市企业（通过北京证券交易所）。第一步应该尽快设立北京城市更新投资和运营有限公司。北京政府作为投资主体方和股权认缴方，可以考虑适度引入部分国有企业、金融企业、民营企业甚至外资企业作为混合所有制股权投资方。而试图依靠吸引社会资本作为股份制公司投资方主体，避免北京政府作为投资主体，这显然是难以实现的发展路径。第二步也是最为重要的一步，尽快将北京城市更新投资和运营有限公司，通过北京证券交易所上市成为股份制上市企业，进而利用上市企业实现资金杠杆效应和放大效应，以及实现公司运营的现代化、专业化模式，形成政府启动资金＋股份制企业运营机制＋上市企业投资资金能力放大效应的"三位一体"的北京新模式。

三、相应改革突破口与具体建议

第一，针对首都功能核心区平房（院落）申请式退租和保护性修缮、恢复性修建，老旧小区改造，危旧楼房改建和简易楼腾退改造，城镇棚户区改造等这四大领域的特殊任务，从积极探索吸引社会资本深度参与北京城市更新的新模式角度来看，建议尽快设立北京城市更新投资和运营有限公司＋股份制上市企业（通过北京证券交易所）的新机制，需要北京从顶层设计层面做出科学判断和重大决策。北京政府主导的北京城市更新投资和运营有限公司＋股份制上市企业（通过北京证券交易所）的新机制，可以发挥政府资金启动＋有效利用社会资本＋公司运行机制等优势集于一身的新模式优势，是解决北京城市更新难题的独创性机制。

第二，针对老旧楼宇与传统商圈改造升级的任务，鉴于仅仅依靠政府出台部分补贴资金政策，已经很难从根本上解决北京众多传统商圈甚至标志性传统商圈发展滞后和转型升级动力机制不足的困局，而且北京不少传统商圈经历多轮改造升级后仍然难以彻底摆脱经营和发展困境。需要以引入社会资本为契机，通过全新的传统商圈改造和经营思维来化解北京传统商圈发展困局。可以借鉴的模式：一是构建类似环球影城的科幻元素、现场科技体会、现代科技旅游资源、经典电影文化、旅游型住餐游玩以及特定价值商品出售等多重元素集于一身的新型商业体系模式；二是集现代商业模式、传统历史文化商业模式、中国奢侈品和全球奢侈品于一身的综合体商业模式。为此，建议北京可以招商引资跨国企业或寻求境外合作伙伴，开创性地引入国外资本和合作企业来推动老旧楼宇与传统商圈改造升级。

第三，针对低效产业园区"腾笼换鸟"和老旧厂房更新改造的任务，需要客观认识到这些项目所面临的产权多样性及复杂性特征对重新引入社会资本和更换投资主体带来的多重问题和挑战。事实上，北京不少低效产业园区"腾笼换鸟"和老旧厂房更新改造面临的最大问题就是园区内既有工业用地和商业用地的产权固化难以置换困局。为此，我们建议组建针对园区工业用地和商业用地运营经营的股份制企业，促使那些不愿转移园区工业用地和商业用地产权的所有者持有土地使用权加入这些股份制企业成为股权持有者，从而盘活这些分散、固化的园区工业用地和商业用地的集中更新使用问题。

正确认识首都加快落实构建新发展格局的重大价值、核心抓手与实施路径

一、加快构建新发展格局成为深入推进首都高质量发展的关键突破口

第一，科学辨析"三新"发展理念率先在京华大地落地生根的重大价值。"准确把握新发展阶段，深入贯彻新发展理念，加快构建新发展格局"的"三新"发展理念，是习近平总书记在中国经济进入高质量发展阶段后对经济发展理念的重大科学判断和理论创新，是习近平新时代中国特色社会主义思想重要的组成部分。率先将"三新"发展理念在京华大地落地生根，具有从理论到实践再到理论创新层面的重大示范性、引领性和原创性价值。首都作为率先探索和落实"三新"发展理念的核心示范区，已经取得了一系列标志性的发展成果。这其中，首都北京作为我国第一个实施减量发展的超大规模城市，坚定不移地落实疏解整治促提升政策举措，构建符合首都要素禀赋优势的高精尖经济体系，全面实施符合首都定位、体现首都优势、彰显首都内涵的首都特色的高质量

发展战略，就是落实"三新"发展理念的集中反映。

第二，科学把握首都北京在全面践行"三新"发展理念中的复杂性互动关系。首都北京在全面践行"三新"发展理念进程中，需要科学把握"三新"发展理念之间的相互支撑和制衡关系以及推进的先后顺承和衔接关系。当前首都全面进入以减量发展为主要特征的新发展阶段，准确把握其关键必须落在如何打造符合首都北京"四个中心"和"四个服务"定位的新发展理念上，这不仅是首都如何实现符合自身要素禀赋和区域区位特征的"五大"发展理念（创新发展、绿色发展、均衡发展、协同发展、高水平开放发展）的策略问题，更是在"都"和"城"两大条件制约下如何推进首都特色的高质量发展问题。换句话说，以减量发展为主要特征的新发展阶段和以首都"五大"发展理念为指导的新发展理念，可以理解为当前阶段首都特色的高质量发展目标"一个硬币的两面"，二者相互支撑、相互嵌入、相互制约、不可分割，必须共同推进、层层推进、齐头并进。而首都能否主动和深度参与到构建以"双循环"为主的新发展格局中，则是首都在有效实施以减量发展为主的新发展阶段和以首都"五大"发展理念指导的新发展理念之后的产物或成果的升华，而非其前提条件，反映的是从发展模式到发展成果的内在逻辑关系。

第三，科学认识首都北京全面践行"三新"发展理念的特殊性。首都北京在全面践行"三新"发展理念方面，必须深刻体现首都定位、首都优势和首都格局下的特殊性。既要认识首都在践行"三新"发展理念方面的一般性规律，更要深刻领会首都在践行"三新"发展理念方面的特殊性规律，在一般性中彰显特殊性，特殊性中提炼一般性，体现特殊性到一般性再到特殊性的科学解决思路，从而实现首都发展理论从实践到理论再到实践的跨越。具体来看，首都落实"三新"发展理念蕴含的特殊性表现在：新发展阶段对应首都全面贯彻的减量发展战略；新发展理念对应首都创新发展、绿色发展、均衡发展、协同发展、高水平开放发展的"五大"发展理念融合体系；新发展格局对应首都北京在国内产业大循环体系的基础性地位以及在全球产业链循环体系中作为关键核心技术创新产品出口高地和全球技术交易中心。

第四，科学判断加快构建新发展格局是首都落实"三新"发展理念的关键短板。首都在准确把握新发展阶段和深入贯彻新发展理念方面已经取得了一系列重大进展，起到了令人瞩目的领头羊作用，取得了积极的示范效应。然而，首都在落实加快构建新发展格局重大战略方面，还存在诸多方面的认知模糊、抓手不精准以及系列机制体制障碍等问题，造成首都北京在落实加快构建新发展格局方面的进程中相对滞后，成为制约和阻碍首都全面贯彻和科学落实"三新"发展理念的关键短板。必须科学地理解"三新"发展理念作为不可分割的完整体系，倘若在构建新发展格局方面发生滞后和阻碍，必然会影响到首都在准确把握新发展阶段和深入贯彻新发展理念方面的落实效果，严重制约首都减量发展战略的深入推进和"五大"理念的践行效果。

二、准确理解首都当前加快落实构建新发展格局的突破口

当前阶段，如何确立和发挥首都北京在国内乃至全球产业大循环体

系中的基础性地位及核心功能，是首都加快落实构建新发展格局的关键突破口。首都在国内乃至全球产业大循环体系中的基础性地位体现在三个方面：其一，首都是国内原始创新的策源地、关键核心技术创新的突破地、跨国高科技本土企业的发源地、"专精特新"企业的培育地；其二，首都是国内高技术产业和战略性新兴产业的产业基础能力高级化和产业链现代化水平的引领者；其三，首都是全国乃至全球高端产业和新兴产业中高端人才的培育和集聚高地。首都北京不仅是全国乃至全球战略科学家、产业领军人才和青年领军人才的集聚地和培育地，更是全国乃至全球的关键核心技术人才和团队、卓越工程师和急需紧缺专业化技能人才的培育地和集聚地。因此，必须科学认识当前阶段首都加快落实构建新发展格局的核心抓手：确立首都在京津冀、全国乃至全球范围内产业大循环体系中的基础地位和核心功能，明确和贯通首都北京在全国生产、分配、流通、消费体系中的关键环节，优先促进首都北京需求牵引供给、供给创造需求的更高水平动态平衡的形成，发挥首都北京在我国国民经济良性循环和关乎国计民生的国内产业大循环体系中的核心地位，从而夯实首都北京在加快构建新发展格局进程中的关键性示范和领头作用。

第一，优先布局首都自身内部的产业大循环体系。一是全面促进北京区域内创新链与产业链对接体系的加快形成。事实上，首都北京作为我国最大最重要的原始创新策源地，应该优先将自身优势的高精尖产业体系转化成为支撑 GDP 可持续增长的源泉。首都北京高精尖产业体系的培育和发展主要依靠北京拥有的全国领先的高等院校和科研机构院所以及"三大科学城"的科学研究成果，由此必须优先打造首都特色的产学研用贯通体系。二是加快布局北京北方产业带与南方产业带之间的关键要素、创新知识和中间产品主导的内循环体系。针对以信息技术为主的北京北方产业带和以高精尖制造业为主的北京南方产业带，要尽快破除制约两大产业带之间要素合理流动的堵点，矫正二者之间资源要素失衡错配的短板，畅通首都内部两大产业带经济循环体系。三是不同产业园区之间要素链和产业链的相互循环体系。无论是从中关村一区十六园或北京亦庄经济开发区的重点产业园区来看，还是从各区县定位和培育的各种特色产业园区来看，如何强化这些园区之间的人才、中间产品、原材料、创新知识和交通基础设施的畅通循环体系，事关首都能否完善产业链、供应链、资金链、要素链来培育和发展高精尖产业体系等重大问题。

第二，着力培育京津冀区域层面的产业大循环体系。一是深入推进京津冀重点产业链的协同合作体系。很大程度上，能否有效推动产业链协同发展已经成为落实京津冀协同发展的决定性因素和前提条件。二是优先实现北京创新链与津冀二地的产业链衔接和转化机制。首都北京打造全球领先的国际科技创新中心的定位，首要的便是作为京津冀区域的科技创新中心，最适宜将自身的科技创新成果优先落地到津冀二地实现产业链供应链转化和培育，以推动津冀二地高端产业的发展。三是全面强化京津冀要素链协同协调机制。京津冀三地之间在要素集聚能力和营商环境等方面具有显著的梯度落差，阻碍了三地之间要素链、资金链、人才链的相互流动和要素一体化格局的形成，严重制约京津冀三地大市场力量的发挥，限制了高端要素链对京津冀地区 GDP 的内生型支撑机制。

第三，全面提升首都在全国范围内产业大循环体系的核心功能。一是依靠首都北京作为全国原始创新的策源地和前沿基础的创造地优势，强化全国技术创新提供者的主导地位。2021 年全国技术合同成交额为 37 294.3 亿元，而北京技术合同成交额为 7 005.7 亿元，占全国的比重高达 18.78％。其中，2021 年北京输出外省市技术合同成交额高达 4 347.7 亿元，北京作为全国技术输出地的地位非常突出。二是塑造全国高科技产业和战略性新兴产业领域关键核心技术创新的突破地，重点产业链的关键设备、关键零配件元器件、关键材料和关键工艺的研发基地和产品提供者。北京作为全国高水平高等院校和科研机构院所的集聚地，必须主动承担破解制约高科技产业和战略性新兴产业领域的"卡脖子"关键核心技术创新问题，保障我国产业链供应链安全的首位担当责任。三是高精尖产业产品的集聚地和生产提供者。

第四，逐步明确首都北京在全球范围内产业大循环体系的发展定位。一是确立将首都北京打造成为全球技术创新交易中心的发展目标，以此来带动和促进全球领先的国际科创中心的建设。2021 年北京出口技术合同成交额高达 843.8 亿元，已经具备了建设全球技术创新交易中心的初步基础条件。二是打造我国本土高科技跨国企业的重点发源地和总部基地。当前制约首都北京高质量发展的一个短板是，相比深圳而言，北京尚未成为全球领先优势的中国本土高科技跨国企业特别是制造业跨国企业的发源地和总部基地，会在很大程度上影响首都北京在全球科技创新方面的辐射力。三是打造全球各类高端人才的培育地和集聚地。针对首都北京正在培育和发力的"2441"高精尖产业以及重点产业的世界级先进制造业集群，必须将培育和引进各类产业领军人才和青年领军人才、关键核心技术人才和团队、卓越工程以及急需紧缺专业技能人才作为北京建设全球人才高地的重点方向。

三、科学把握当前推进首都加快落实构建新发展格局的核心抓手

科学认识和精准把握当前推进首都加快落实构建新发展格局的核心抓手，认准牛鼻子，通过"以点促面""以点代面""层层推进"，加快落实首都构建新发展格局的重大战略部署。

第一，以打造完整的集成电路全产业链和创新链融合体系作为构建首都内部产业大循环体系的重要抓手。集成电路产业已经成为主要发达国家全球竞争的核心焦点，要高度重视当前主动发展集成电路全产业链和创新链融合体系对畅通国内产业大循环体系的基础性作用，对维护中国产业链供应链安全的重要性，对抵御美国发起针对中国科技创新技术封锁和遏制策略的重要作用，以及对彰显首都北京在全国领先科技创新综合实力的重要体现。北京必须加快集成电路产业链中的各种先进生产设备、关键材料、关键零配件等领域的研发，尤其需要加快集芯片设计、制造、封装测试等多个环节于一身的集成电路生产基地建设，塑造体现首都特色、首都优势的集成电路产业创新链和产业链融合新模式。

　　第二，以打造新能源汽车全产业链体系作为促进京津冀区域内产业大循环体系形成的重要抓手。新能源汽车产业链体系，不仅具有产业链拉动带动效应范围大、经济辐射力强和对 GDP 支撑作用大的基本特征，也是我国在重大产业领域对西方发达国家实现"弯道超车"的关键一着。当前如果仅仅依靠京津冀三地的任何一个地区来培育和发展新能源汽车产业，面对来自长三角区域和全球其他国家的直接竞争，必然会遭受难以应对的各种风险和压力，只有形成三地的创新链、产业链、人才链协同合力机制和京津冀全区域布局的世界级先进制造业集群，方可实现京津冀区域规划的发展目标。同时，加快推进产业协同发展已经成为制约京津冀协同发展国家战略纵向推进的关键方向，探索当前三地产业协同合作的关键突破口和核心抓手至关重要，而京津冀三地的"十四五"规划均将发展新能源汽车产业作为主导产业，显而易见，将新能源汽车全产业链体系作为三地产业协同发展的突破口，更具有现实性和后续的示范效应。

　　第三，以强化全国技术创新交易中心、颠覆性技术创新策源地和关键核心技术创新突破高地作为首都北京切入国内产业大循环体系的重要抓手。牢固树立首都北京在全国范围内的科技创新综合领先优势，既是落实中央赋予北京打造全球有影响力的科技创新中心战略定位的基础条件和前提条件，也是首都北京切入国内产业大循环体系的关键途径和核心抓手。具体必须牢牢落实在以下三个方面：一是颠覆性技术创新策源地。面对未来战略性新兴产业的前瞻性与不确定性所蕴含的各项颠覆性技术创新发展需求，首都北京必须加快布局颠覆性技术创新策源地的建设任务。二是关键核心技术创新突破高地。我国重点产业链面临诸多"卡脖子"关键核心技术创新问题，首都北京是国内最具有从研发到生产制造的系统性能力的重要地区，必须承担起关键核心技术创新突破的首要责任担当。三是强化全国技术创新交易中心的核心地位。北京不仅仅是全国技术输出最重要的地区，也是技术吸纳和引进的关键地区，提升和强化首都北京作为全国技术创新交易中心的功能定位，是北京带动和推动全国产业大循环体系的关键抓手，具有全力加快建设的紧迫性和必要性。

第四，以塑造全球技术创新交易中心、全球原始创新策源地和关键设备、关键材料、高精尖产品出口高地作为首都北京影响全球产业大循环体系的重要抓手。打造全球领先的国际科技创新中心作为首都北京战略定位的最高发展阶段，必须在建设成为全球原始创新前沿技术的策源地的基础上，形成全球不可或缺的重要技术创新交易中心，进而形成全球的关键设备、关键材料、高精尖产品出口高地。首都北京只能以构建全球原始创新前沿技术策源地为支撑的综合实力，将首都北京快速打造成为全球的关键设备、关键材料、高精尖产品出口高地。在这两者获得有效建设的基础上，才能加快建设首都北京的全球科技创新合作中心和全球技术交易中心。这三者是相辅相成、依次递进的发展逻辑关系，不可分割，也不能任意跨越其中的任何一个重要环节。

四、当前首都加快落实构建新发展格局的具体举措

第一，制定针对首都构建新发展格局的可评价、可考核、可监督的

统计量化体系。制定量化首都构建新发展格局的可评价可考核可监督体系需要统筹兼顾以下几个方面：（1）认识切入国内大循环体系和接入国外大循环体系的差异性，将测度首都北京切入国内大循环体系的可行途径和可能贡献提高到更加重要的位置；（2）紧紧抓住影响首都北京当前切入国内大循环体系和接入国外大循环体系的核心因素和关键因素，搭建短期内可评价可考核可监督的统计量化体系；（3）强调和区别首都北京在京津冀区域层面、全国层面和全球层面分别参与和接入国内外大循环体系的不同路径，并分别以不同的对应性指标因素变量加以设计和测算。

第二，主动推进首都北京"2441"导向的高精尖产业，将全国和全球层面的重点产业链供应链体系中的核心支撑作用和保障国家产业链供应链安全的贡献程度，作为当前阶段首都北京构建新发展格局的重要突破口和核心抓手。一方面，将发展集成电路的全创新链和产业链融合发展体系，尤其是将打造集成电路关键设备研发和生产基地、集成电路关键零配件和关键材料研发和生产基地、全产业链的集成电路制造基地等一体化目标设立为首都北京切入国内产业大循环体系和保障国家集成电路关键产业链供应链安全的核心抓手；另一方面，将构建新能源汽车的全创新链和产业链融合发展体系设立为推进京津冀产业协同发展和实现对发达国家汽车产业"弯道超车"的核心抓手。为此，需要加快探索和研究京津冀地区龙头汽车企业的整合问题，尤其要探索出民营企业和国有企业重组做大做优做强的新型发展模式，以此为战略支点和核心抓手，在京津冀区域内实现新能源汽车产业链供应链体系的全新布局和综合优势营建。

第三，加快布局首都北京的颠覆性技术创新策源地＋关键核心技术创新突破高地→全国技术创新交易中心的独特发展路径。一方面，要将加快建设颠覆性技术创新策源地和关键核心技术创新突破高地这两大目标设定为首都北京当前阶段推进国际科技创新中心的首要任务；另一方面，维持和强化全国技术创新交易中心的地位是对北京构建新发展格局的战略支点。针对北京在全国技术创新交易的主导地位有被广东和江苏等省份追赶的趋势，在"十四五"期间，要将持续提升和继续强化首都北京作为全国技术创新交易中心的领先优势地位上升到首都北京落实构建新发展格局的基础工作方向。

第四，加快布局首都北京的全球原始创新策源地→全球关键设备、关键材料、高精尖产品出口高地→全球科技创新合作中心和全球技术创新交易中心的新型发展路径。一方面，以强化和提升全球原始创新策源地的综合实力，支撑首都北京快速打造成为全球的关键设备、关键材料、高精尖产品出口高地，以特色优势产品接入全球产业链供应链体系，进而支撑首都北京成为贸易强国的示范样本。另一方面，针对全球技术创新合作中心和全球技术创新交易中心的重点发展目标，可以采取四步走策略：第一步是打造 RECP 区域内技术创新合作者和技术交易中心，使得首都北京成为亚洲地区的技术交易中心，主要是技术合作和技术输出中心；第二步是打造"一带一路"沿线国家的技术创新合作者和技术交易中心，依据在推动"一带一路"倡议方面形成的产业链协作关系，即时将首都北京的 RECP 区域内技术创新合作者和技术交易中心拓展到"一带一路"更大范围；第三步是构建全球对接和联结所有发展中国家的技术创新合作者和技术交易中心；第四步是最终建设成为全球举足轻重的技术交易中心，可以与全球主要发达国家形成竞争和合作的技术创新合作新体系。

推进北京特色的国有企业"反向混改"和"双向混改"重大举措与实施途径

一、深刻领会主动推进北京特色的混改模式的必要性

在《关于深化国有企业改革的指导意见》《国企改革三年行动方案(2020—2022年)》等一系列政策文件的指导之下,我国的国有企业改革正在全面经历"正向混改"、"反向混改"和"双向混改"三种模式。"正向混改"是指鼓励国有企业引进民营、外资等非国有资本,达到促进国有企业加快完善现代企业治理机制和提高国有企业竞争优势的目的。"反向混改"是指民营或外资等非国有企业与国资委或国有企业达成合作,引进一定规模的国有资本(企业控股权仍然掌握在原企业股东手中)的混改模式。"双向混改"是指既鼓励国有企业引进民营、外资等非国有资本,与此同时,也允许民营或外资等非国有企业收购和投资国有企业部分股权的双向性投资持股的混改模式。

依据我们对全国国有企业混合所有制改革模式的实地调研和观察思考,北京不能简单地照搬复制上海、深圳等地区的混合所有制改革模式，更不能简单或片面地将推进混合所有制改革理解和定位为解决北京国有企业面临的各种机制体制困局和问题的唯一手段。我们认为，北京在加快落实国有企业混合所有制改革的过程中，要基于不同创新领域和产业领域的国有企业的差异性特征，依据北京不同类型国有企业承担和肩负的不同发展战略定位，采取宜"正向混改"则"正向混改"、宜"反向混改"则"反向混改"、宜"双向混改"则"双向混改"的体现北京特色的灵活性、针对性、系统性的混改模式。

依据北京打造全球有影响力的科技创新中心战略定位，以及北京正在全面构建高精尖产业体系的内在特征，在全面总结和继续推进"正向混改"模式的基础上，创造性、协同性地加快推进"反向混改"和"双向混改"为主导的混改模式，是北京在今后一段时期内落实具有北京特色的混合所有制改革的重点探索和改革实践方向。需要客观认识到当前北京国有企业部门正在实施的以"正向混改"机制为主的改革模式，对有效激活北京国有企业的市场竞争力、主动承担高水平科技自立自强要求和积极肩负关键核心技术创新自主突破任务等领域所存在的局限性和制约性，继续探索以"反向混改"和"双向混改"机制为主的改革模式，对化解破解北京国有企业机制体制改革相对滞后具有重要意义。

二、推进北京特色国有企业"反向混改"和"双向混改"的创造方向与实施途径

第一，强化以北京国有企业现代企业治理能力为导向的"反向混

改"机制，将之作为营造和完善北京国有企业以市场化为导向的现代企业治理机制领域的重大改革突破口。相比上海，北京市级国有企业经营绩效存在非常突出的比较劣势，深刻说明北京国有企业现代企业治理机制存在关键短板。截至 2021 年底，北京市级国有企业数量为 301 家，而同期上海的地方国有企业数量为 325 家。2021 年上海市管国有企业营业收入 3.88 万亿元，利润总额 3 469.89 亿元，净利润 2 766.23 亿元，年末资产总额 25.77 万亿元。与此同时，2021 年北京市管国有企业资产总额突破 6.5 万亿元、年度营业收入超 2 万亿元、利润总额 1 323.8 亿元。对比来看，虽然上海的市属国有企业数量略高于北京，但是在国有企业资本额、营业收入和利润额等方面，上海的市属国有企业部门均远远领先于北京。这就说明，在北京和上海的 GDP 规模相差无几的情形下，上海市属国有企业部门的规模和竞争实力远高于北京，揭示出北京国有企业在现代企业治理机制改革和建设方面较大幅度滞后于上海。客观事实是，北京在推动以同行业国有企业重组与整合为主要特征的国有企业"正向混改"方面取得了一系列成果和成效，但是在引进非国有资本特别是本土跨国企业资本方面存在显著的滞后现象，造成北京市属国有企业在营造和完善以市场化为导向的现代企业治理机制领域存在严重的短板。因此，当前不仅要积极稳妥地在北京市属国有企业部门主动引进民营资本和股份制企业资本，继续推行"正向混改"机制，更要深入实施"反向混改"机制，将之作为打破北京市属国有企业部门现代企业治理机制改革相对滞后的重点突破口。

第二，推进以解决"卡脖子"关键核心技术创新问题为导向的"反向混改"和"双向混改"机制，将之作为打造北京国有企业部门领先自主创新能力的首创性改革举措。2021 年，上海明确提出把握区域性国资国企综合改革机遇，发挥国有企业在构建关键核心技术攻关新型举国体制中的重要作用，以系统性创新谋发展，实现由要素、投资驱动向创新驱动的根本性转变。北京肩负全球领先水平的科技创新中心城市的战略定位，要主动发挥国有企业在构建"卡脖子"关键核心技术攻关领域的基础性作用，进而在国有企业机制体制改革和建立高水平科技自立自强两大目标的融合领域，探索出北京的"样板"效应和"示范"效应。客观事实是，北京市属国有企业的创新研发能力远远落后于股份制上市企业。以 2021 年实际控制人为北京市国资委的 A 股上市公司为例，22家上市公司研发费用总和为 43.66 亿元，总营业收入为 2 854 亿元。从研发营收比指标来看，除了大豪科技等少数公司超过 10% 之外，同仁堂等公司围绕 2% 及以下波动，金隅集团、全聚德等公司占比均小于1%。从创新研发投入增速来看，除了京城股份、首创环保等实现两位数增长外，包括大豪科技、昊华能源等公司均取得负数。由此可见，与创新型民营主体和其他上市主体企业相比，北京国企研发投入相对较弱的现象并不是个例。而且，在我国当前面临的诸多"卡脖子"关键核心技术创新领域中，北京的市属国有企业几乎没有涉及。因此，迫切需要通过与在"卡脖子"关键核心技术创新领域全力自主攻关突破的民营和股份制企业的投资合作和相互持股计划，主动实施以解决"卡脖子"关键核心技术创新问题为导向的"反向混改"和"双向混改"机制，率先组建体现新型举国体制优势的"创新联合体"，彰显北京在落实高水平科技自立自强国家战略方面的首要担当。

第三，推进以塑造北京重点产业链的全产业链和全创新链融合竞争优势为导向的"反向混改"和"双向混改"机制。北京在培育和推动高精尖产业发展过程中暴露出来，与长三角和粤港澳大湾区地区相比，北京的前沿和领先科技成果难以有效转化为北京和京津冀区域内产业乃至国有企业部门的市场竞争优势，也难以在京津冀区域内形成高精尖产业全产业链的分工协同体系，导致北京乃至京津冀区域内高精尖产业无法形成全国和全球层面的全产业链和全创新链综合优势，成为阻碍北京和京津冀区域战略性新兴产业发展和世界级先进制造集群形成的重大弊端。破解这个重大弊端的突破口在于：一方面，既要鼓励北京国有企业以收购并购方式获得高等院校、政府所属科研机构和新型市场化科研机构重大科技成果，更要积极鼓励北京国有企业以股权投资模式参与和创建新型科研机构的设立和运营，甚至可以探索北京国有企业以资金投入共同产权模式参与高等院校和政府所属科研机构的重大科研项目，并优先获得科技成果的产业化转化权利；另一方面，牢牢按照重点产业的全产业链全供应链的分布和运行特征，既要鼓励北京国有企业通过股权投资模式，深度参与到与自身产业链和供应链体系有着重大合作利益关系的民营企业、股份制企业乃至外资企业，也要鼓励作为关键龙头企业的民营企业、股份制企业乃至外资企业通过股权投资模式，深度参与到有着重大产业链供应链创新链合作利益关系的北京国有企业部门。

第四，加快推进以北京城市更新计划为导向的"反向混改"机制。国有企业是北京加快实施和落实城市更新计划的重要载体平台。然而，完全依赖北京国有企业相对有限的资金投入，必然存在难以支撑和满足北京实施大规模城市更新计划的各类工程项目所带来的持续性巨额资金投入需求的发展困境。因此，如何通过设计创造性的机制，使各类社会资本通过特定渠道深度参与北京城市更新计划的重大项目投入资金需求，已经成为北京必须解决的首创性改革举措的重要组成部分。为此，可以主动利用"反向混改"和"双向混改"机制，明确依托实施城市更新计划重大项目，落实国有企业主体责任，通过引入各种形式的社会资本乃至股市资本，将之作为充实和壮大北京国有企业部门承担城市更新计划重大项目顺利落地的重要途径。

三、改革突破口

第一，科学设计和全面推进"反向混改"和"双向混改"机制，并将之上升为当前阶段深入推进北京国有企业部门机制体制改革的核心任务。北京主动推进以"反向混改"和"双向混改"机制为主的混改模式需要坚持两个基本原则：一方面，立足于突出北京国有企业培育全球市场竞争优势、主动承担高水平科技自立自强国家战略以及率先实现关键核心技术创新领域自主突破等"三位一体"目标，不能将之任意割裂开来。主要依靠激励和培育北京国有企业率先实现关键核心技术创新领域自主突破能力，作为体现北京国有企业部门优先落实高水平科技自立自强国家战略目标的核心手段，进而塑造北京国有企业在国内经济大循环体系和全球产业大循环体系中的竞争优势。另一方面，此轮以"反向混改"和"双向混改"机制为主导的混改模式，要优先落在北京制造业领域，而非服务业和金融业领域。当前，北京的国有企业混改任务，要聚焦于塑造和夯实北京国有企业部门在高精尖产业和世界级先进制造集群领域的领先和前沿竞争优势，将北京国有企业部门打造为全国乃至全球高端制造业的领头羊。

第二，构建以科研机构和高等院校将自身科研成果深度参与到北京国有企业部门为主要特征的"反向混改"和"双向混改"机制。积极利用北京所拥有最为密集的全国一流高等院校、政府所属科研机构和各种新型市场化科研机构的独特优势资源，作为北京国有企业部门实施以"反向混改"和"双向混改"机制为主导的混改模式的核心手段。一方面，全面放开北京国有企业以股权投资模式设立、投资和兼并各种新型市场化科研机构的各种法律法规限制，将之纳入北京国有企业监管和考核机制体制之中。针对北京国有企业以股权投资模式参与和并购新型科研机构，可以将之视作企业自身研发投入活动，给予相应的研发加计扣除政策优惠支持。另一方面，打通打破北京国有企业利用股权投资模式在创新研发活动领域与高等院校、政府所属科研机构进行深入合作协作的各种渠道和机制体制障碍。在北京率先推进国有企业和高等院校、政府所属科研机构之间以相互股权投资模式，组建关键核心技术创新自主突破的"创新联合体"新型模式。

第三，突出以培育和塑造北京和京津冀区域内全产业链、全供应链和全创新链融合体系为主导的"反向混改"和"双向混改"机制。一方面，在国有企业创新研发投入领域继续深入深化推行"正向混改"的重大改革举措。鼓励国有企业对全产业链和全创新链密切关联的民营企业和创新型中小微企业的固定资产投资和创新研发投入领域，全面实施股权收购和研发资金投入计划，尤其要鼓励全产业链和全创新链分布的国有企业、民营企业和创新型中小微企业之间，通过构建"创新联合休"机制打造相互持股计划，形成北京区域内的全产业链和全创新链主导的全球综合优势。另一方面，在国有企业创新研发投入领域大胆出台和实施"反向混改"和"双向混改"机制的首创性改革举措。依据北京重点高精尖产业领域的全产业链、全供应链和全创新链的协作协同发展特征，既要允许和放开民营企业和创新型中小微企业对相关联的国有企业股权投资和持股的"反向混改"行为，鼓励持股的民营企业和创新型中小微企业主动参与国有企业的各种重大经营决策行为，更要聚焦鼓励民营企业和创新型中小微企业对相关联的国有企业在创新研发活动领域的共同合作投资行为，鼓励持股的民营企业和创新型中小微企业主动参与国有企业的各种创新研发投入和决策行为。

北京率先打造"创新联合体"先行区的建议与途径

北京在率先打造"创新联合体"先行区方面具有多重重大价值。北京率先打造国有企业和民营企业、核心龙头企业和创新型中小微企业密切协同合作的"创新联合体"先行区，不仅是北京加快推动现阶段全球有影响力的国际科技创新中心的重要手段，也是率先落实习近平总书记实现高水平科技自立自强指示精神的重要举措，是加快落实和推广中关村新一轮先行先试改革措施和激发首创改革政策的重要内容，更是实现北京推行具有北京特色的国有企业和民营企业之间"正向混改"和"反向混改"新型企业制度的重要抓手。北京率先打造"创新联合体"先行区的重点工作方向是：主动推行国有企业和民营企业之间以全创新链和全产业链协同合作导向的"创新联合体"；主动推行北京本土龙头企业和数量众多的创新型中小微企业之间密切合作的"创新联合体"；主动推行由企业牵头组织实施，探索政府和社会资本合作开展关键核心技术攻关的"创新联合体"；主动推行体现北京优势的众创空间—孵化器—加速器—产业园孵化链条的"创新联合体"。

当前，我国正全面处于由中等偏上收入阶段到高收入阶段的关键时期，充分激发"创新是第一动力"机制，完整落实高水平科技自立自强战略指导精神，是保证我国经济跨越中等偏上收入阶段到高收入阶段这个关键关口的基础性保障条件。在《科技体制改革三年攻坚方案》《企业技术创新能力提升行动方案（2022—2023 年)》两大政策文件的指引下，北京率先打造国有企业和民营企业、核心龙头企业和创新型中小微企业密切协同合作的"创新联合体"先行区，对北京在现阶段打造全球有影响力的国际科技创新中心具有重大战略和应用价值。

一、高度认识北京在率先打造"创新联合体"先行区的重大价值

第一，北京加快推动现阶段全球有影响力的国际科技创新中心的重要手段。打造全球有影响力的国际科技创新中心，不能以片面化、割裂式的思维加以认识，而是要以系统性、一体化的思维加以推进建设。北京科技创新优势不仅仅体现在基础研究领域或科学大装置方面的领先优势，更是深刻体现在布局和建设具备全球领先的国家战略科技力量＋具有全球竞争优势的全产业链体系＋具有全球创新垄断势力的本土制造跨国企业"三位一体"的融合体系。针对正在全面加快落实建设全球有影响力的国际科技创新中心的战略定位任务而言，北京迫切需要构建全球原始创新策源地＋关键核心技术创新突破地＋全球本土跨国企业孕育地的一体化融合发展体系。北京率先打造国有企业和民营企业、龙头企业

和中小微企业之间的"创新联合体"先行区，可以通过利用北京在全国最为密集的国有企业的原始创新优势、自身孕育的全球数量和质量领先的股份制企业、上市企业、独角兽企业乃至创新密集型中小微企业的关键核心技术创新优势，组合成深刻体现具有全球领先优势的北京特色原始创新＋关键核心技术创新的"创新联合体"。

第二，率先落实习近平总书记实现高水平科技自立自强指示精神的重要举措。面对美国为首的西方发达国家针对我国的科技创新和战略性新兴产业实施的全面封锁和遏制策略，北京必然主动承担起落实高水平科技自立自强能力精神的首要责任。当前，不能将构建高水平科技自立自强能力片面或简单定义为高等院校、科研机构或国有企业单个主体的责任担当，而是要完整体现在以完善落实国有企业创新的考核、激励与容错机制，健全民营企业获得创新资源的公平性和便利性措施，形成各类企业"创新不问出身"的政策环境。尤其要在北京率先鼓励企业牵头组织实施，探索政府和社会资本合作开展关键核心技术攻关的新模式。在北京率先支持中央企业或民营科技领军企业聚焦国家重大需求，按照全产业链全供应链的思维布局，牵头组建体系化、任务型的"创新联合体"。

第三，加快落实和推广中关村新一轮先行先试改革措施和激发首创改革政策的重要内容。开展新一轮先行先试改革是党中央、国务院赋予中关村新的历史使命，要开创性地设立和丰富中关村新一轮先行先试的重大首创性改革举措和核心机制体制性改革，用好用足中关村新一轮先行先试改革红利和首创政策优势。国有企业、独角兽企业、隐形冠军企业、"专精特新"小巨人企业等作为北京高精尖产业体系的核心承担主体，肩负着推动北京作为全球原始创新策源地、关键核心技术创新突破地和维护国家产业链供应链安全的主体责任。然而，北京高精尖产业发展中的一个突出弊端，就是仍然以单个企业的单打独斗为主，并未形成全产业链和全创新链形态为主的"创新联合体"。北京率先打造国有企业和民营企业、龙头企业和中小微企业之间的"创新联合体"先行区，不仅仅是落实和推广中关村新一轮先行先试改革措施的重要内容，也应该是北京正在积极推进和激发首创改革政策的主攻方向。

第四，实现北京推行具有北京特色的国有企业和民营企业之间"正向混改"和"反向混改"新型企业制度的重要抓手。国有企业作为党的执政基础，是当前实现高水平科技自立自强的主力军。然而，难以否认的是，北京国有企业一直面临关键核心技术创新自主突破能力相对不足、全球全国创新型产品竞争力不足、现代企业治理机制活力不足等一系列重要问题，使得北京的国有企业既没有在构建全球有影响力的科技创新中心方面表现出创新领导能力，也未能在推动北京高精尖产业领域起到主导作用。为此，北京迫切需要在国有企业领域主动落实和推行"正向混改"和"反向混改"新型企业制度。这其中，优先确立打造以国有企业和民营企业之间的"创新联合体"为基本原则和主导方向的"正向混改"和"反向混改"新型企业制度，应该是北京率先打造"创新联合体"先行区的重大改革突破方向，这也是落实北京国有企业综合改革的基础性工作领域。

二、北京率先打造"创新联合体"先行区的重点工作方向

第一，主动推行国有企业和民营企业之间全创新链和全产业链协同合作导向的"创新联合体"。北京在发展高精尖产业之中面临两个方面的突出问题：一方面，相对于长三角和珠三角地区，在北京区域乃至京津冀区域内，基于全创新链和全产业链分工协作关系的产业集聚以及世界级先进制造集群竞争优势相对不足；另一方面，国有企业孤立式、割裂式发展格局比较突出，"大而全"导向的发展思维比较固化，"专精特新"导向的发展能力缺失，并未充分与地区内民营企业、创新型中小微企业形成"创新联合体"。这两个因素已经成为制约北京国有企业发展的重要因素。为此，北京率先打造"创新联合体"先行区的首要重点工作方向之一，就是要优先落实到构建以国有企业和民营企业之间全创新链和全产业链协同合作为导向的"创新联合体"。

第二，主动推行北京本土龙头企业和数量众多的创新型中小微企业之间密切合作的"创新联合体"。北京在全球创新和产业领域的优势，主要体现在拥有一大批掌握关键核心技术的"专精特新"小巨人企业和单项冠军企业，而弊端在于缺乏具有全球创新垄断优势和技术绝对领先优势的本土制造业跨国企业。而且，北京在培育和发展全球创新垄断优势和技术绝对领先优势的本土制造业跨国企业方面的能力不足，也进一步制约了北京独角兽企业、"专精特新"小巨人企业和单项冠军企业的

可持续发展空间。因此，主动促进本土龙头企业和数量众多创新型中小微企业之间形成"创新联合体"，是夯实北京高精尖产业体系的重要方向。

第三，主动推行由企业牵头组织实施，探索政府和社会资本合作开展关键核心技术攻关的"创新联合体"。北京已经在中国重点产业链面临的"卡脖子"关键核心技术创新领域自主突破发挥了主导地位，但是，在当前和未来的战略性新兴产业领域，我国仍然面临一系列"卡脖子"关键核心技术创新问题，北京迫切需要主动探索由企业牵头组织实施，政府和社会资本密切合作开展关键核心技术攻关的"创新联合体"新机制、新模式和新格局。这其中，一方面，针对组建关键核心技术攻关的"创新联合体"，需要彻底改变以往以政府所属科研机构或高等院校作为牵头组织实施主体的弊端，而是要以企业作为牵头组织实施，从而解决关键核心技术创新难以工程化产业化的困局；另一方面，面对关键核心技术创新的持续性巨额研发投入问题，要摆脱一味依赖政府资金投入的弊端，主动探索政府和社会资本合作开展关键核心技术攻关的新型"创新联合体"。

第四，主动推行体现北京优势的众创空间—孵化器—加速器—产业园孵化链条的"创新联合体"。北京拥有全国最为完整、最为有效的多层次资本市场—级服务实体经济的现代金融体系，在构建适宜和对接实体经济部门科技创新活动所产生的多样化融资需求的直接融资型金融体系方面，已经取得了全国范围内的样本效应。然而，北京在发展与高精尖产业和企业的全产业生命周期发展特征相匹配的全金融链体系方面仍然存在不足之处，尤其表现为服务和满足处于初创期和高风险期的科技型中小微企业的创新研发和资本投入活动融资需求能力相对不足。为此，北京迫切需要为面对原始创新、关键核心技术创新、颠覆性技术创新、关键共性技术创新和快速迭代式技术创新等领域任务的创新密集型企业，培育和发展序贯式、接力式的多层次资本市场，尤其是充分激活激发北京在众创空间—孵化器—加速器—产业园孵化链条领域的全球优势，主动探索利用政府资金和金融资本相融合的新型"创新联合体"。

三、重要的改革突破口

第一，优先在北京的国有企业领域实施"正向混改"和"反向混改"的首创性改革举措。北京需要在国有企业机制体制改革和建立高水平科技自立自强的融合领域，探索出北京的"样板"和"示范"效应。

第二，加快探索和构建以自主创新和"创新联合体"为考核导向的新型国有企业监管考核机制。率先在北京落实、压实和夯实国有企业在原始创新、关键核心技术创新、颠覆性技术创新、关键共性技术创新和快速迭代式技术创新等领域的首要担当和主体地位，将是否具备原始创新、关键核心技术创新、颠覆性技术创新、关键共性技术创新和快速迭代式技术创新等领域的自主突破能力，设定和定位为考核和监管北京国有企业发展绩效效果的核心指标。可以适度将国有企业牵头联合民营企业、创新型中小微企业组建的"创新联合体"，设立为北京国有企业优先鼓励的发展方向。在北京国有企业内部尽快实施科技创新薪酬分配激

励机制，对符合条件的国有企业科技人才实行特殊工资管理制度。全面
落实国有科技型企业股权和分红激励政策，研究评估并适时推广上市高
新技术企业股权激励个人所得税递延纳税试点政策。

第三，全面鼓励"创新联合体"模式作为推动北京特色的"揭榜挂
帅"制度的首创性改革举措。在全面构建和推进北京特色的"揭榜挂
帅"制度之中，要全面制定深刻体现多种主体的"创新联合体"导向的
基本原则。既要支持国有企业，也要鼓励民营科技领军企业聚焦国家重
大需求和关键核心技术创新问题，牵头组建体系化、任务型创新联合
体。鼓励北京各类型企业依靠组建一批国家重点实验室、国家技术创新
中心、国家工程技术研究中心等各类创新基地，以创新联合体方式组织
高等院校、科研机构和其他企业，牵头组织实施国家和北京重大科技计
划项目。对主要依托企业建设的全国重点实验室和北京重点实验室，通
过承担国家和北京的"揭榜挂帅"形式的重大科技项目等方式予以
支持。

北京全面推进全球产业人才高地建设的问题调研发现与具体对策建议

针对北京当前正在全面建设的高水平人才高地目标，必须有科学性、全局性、前瞻性、系统性的认识和把握。积极打造全球产业人才高地应该是其中最为核心、最为基础、最为关键的构成部分，只有优先全面建设高精尖产业发展任务的全球产业人才高地，方可为北京打造高水平人才高地提供坚实发展基础。打造全球产业人才高地，是加快建设北京高水平人才高地的"牛鼻子"问题，必须加以高度关注和优先布局。为此，在北京市经信局全面领导之下，近期我们针对北京正在布局的以"2441"为主导的高精尖产业代表性企业对战略产业领军人才、关键核心技术人才和创新团队、卓越工程师、急需紧缺技能人才的吸引、引进、培育和使用过程中暴露出来的共性问题和重点问题展开了实地调研和深入访谈，获得和归纳出一系列突出问题和机制体制障碍，并提出了可能的改革突破口和具体政策建议。

一、当前北京在构建全球高精尖产业人才高地方面面临的突出问题和机制体制障碍

依据北京市经信局各部门在长期工作中积累的共性问题反馈，以及

　　我们近期组织多次与北京以"2441"为代表的高精尖产业部门代表性企业的座谈和实地调研，当前北京在积极发展以"2441"为代表的高精尖产业体系和产业链中所需要的各类型产业人才方面，暴露出如下的主要问题以及突出的机制体制障碍：

　　第一，如何确立三个基本原则——分区管理原则（中央政务区和产业发展区区别对待）、分类管理原则（高精尖产业发展领军人才和关键核心技术创新人才；企业家、科学家、工程师、中高级技工）、全面管理原则（各类产业人才的生活环境和薪酬待遇等综合优势的培育和提升）。具体来说，当前北京在高精尖产业发展过程中，很多企业反映的共性问题有：（1）很多企业分布在北京的中央政务区范围之外，而企业分配到的产业高端人才北京落户指标相对较少，已经不能有效满足企业发展需求。因此，很多企业建议，能否将企业获得的产业高端人才北京落户指标放在人口密度压力相对宽松的区县地区，或者实施跨区县调节分配，从而合理增加企业产业人才的北京落户指标。（2）当前企业在提升技术创新能力过程中面临"两头不足"的人才问题，即企业最为需要的高端人才（比如博士）和领军人才引进难，同时，企业需要的年轻人才由于研究生培养质量普遍下降和稳定性差等因素，造成招人难、留人难、用人难困局。（3）高精尖产业企业普遍反映，仅仅依靠提高人才薪资水平，企业自身成本负担能力相对有限，也不能真正遏制人才向长三角和珠三角地区转移，必须在北京创造和强化留住产业人才的综合优势环境，才能为北京打造全球产业人才高地创造基础条件。

　　第二，各类产业人才特别是产业专业化人才识别标准的突破，尤其是要切实解决高端人才和领军人才的界定问题。在此轮座谈和实地调研中,很多企业反映的一个重要共性问题是,如何有效识别和定义企业所需要的各类产业人才,既不能唯学历论,也不能由政府来制定和规定统一的产业人才标准。因为这样做的话,既不能解决企业对各类产业人才的差异性需求问题,也会因为企业不能掌握自身产业人才的界定权,从而导致产业人才评价体系的僵化和不适应性。

第三,针对高等院校培养的高学历人才(硕士和博士)质量下滑下降问题,如何解决紧缺人才校企联合培养机制的创新("学历+证书"新模式),如何推进产才融合的新型机制,强化"有引有育、引育结合"企业人才培养机制。在多次座谈和实地调研中,很多企业反映的一个共性问题是,企业在招聘和使用高等院校培养的硕士和博士生的过程中,普遍发现这些人才的培养质量存在下滑下降现象。针对企业急需的专业化人才而言,部分企业在尝试通过与高等院校联合培养博士的新模式,探索专业化人才的"学历+证书"培养新模式,以解决企业紧缺人才问题,同时,也可以解决博士培养与企业产业发展需求脱节的难题。为此,解决制约北京高精尖产业发展各层次产业人才问题的一个重要方向,就是要主动探索推进产才融合的新型机制,特别是要强化"有引有育、引育结合"企业人才培养机制。

第四,如何构建北京产业链的创新分工体系和人才协同需求体系。很多企业反映的一个重要问题是,在北京正在布局和推动发展的高精尖产业中,存在信息技术产业(垄断优势的互联网企业)与其他高端制造业企业之间的专业化人才的合理配给问题,存在大企业和小企业之间对特定专业人才（比如人工智能算法领域的人才）的恶性竞争问题，存在企业之间在产业链重复布局和重复建设而导致的对人才恶性竞争现象。这些恶性竞争现象已经严重干扰甚至扭曲了北京产业人才的市场需求，导致北京产业人才市场无序竞争，削弱了北京产业人才市场生态的整体竞争力和吸引力。

第五，户籍和收入问题已经成为影响北京高精尖产业企业招聘和驻留硕士和博士人才的关键问题。针对当前企业开展创新研发活动所需要的硕士和博士产业化人才而言，企业普遍反映的一个重要问题是，由于北京的住房成本相对较高，导致企业在招聘博士人才时薪水和户口问题成为最为重要的影响因素。很多企业反映的最为集中的三个方面问题：一是北京 2021 年推出的七校落户政策是重大利好政策，但是，很多企业反映自身需求的紧缺专业人才未必在这七校之内，应该依据紧缺人才领域适当扩大范围；二是北京对引进博士人才的政府补贴政策力度，远远弱于上海、深圳和杭州（杭州博士毕业补贴 7 年）等其他重点城市，需要大幅度提升政府对引进博士人才的优惠政策力度；三是部分关键核心技术创新企业和处于前沿领域的中小微创新型企业反映，相对跨国高科技大企业而言，这些企业难以对博士提供与之相对应的薪资水平，导致难以获得足够的高水平博士充实自身的创新研发机构。因此，企业建议北京应该制定符合北京特色的多层次产业人才资助计划，帮助北京的关键核心技术创新企业和处于前沿领域的中小微创新型企业降低自身创新研发活动的人力资本，激发企业技术创新能力的提升。比如，北京大兴区出台的"新国门"领军人才计划就取得较好效果。

第六，北京高精尖产业的融合发展模式，催生了对跨专业、跨技能、跨领域复合型人才的巨大需求，而北京当前存在众多产业结合性领域的复合型人才极为缺乏的突出问题。由于人工智能和数字化与制造业部门的结合日益紧密，战略性新兴产业部门的跨产业融合发展趋势日益明显，企业对不同专业背景和不同技能特长的复合型人才产生了直接需求，比如，既掌握自动化也掌握机械专业背景的复合人才。而无论从我国现有的人才体系培养模式来看，还是从企业对产业人才的培训机制来看，均未形成对这些复合型人才的有效培养培育的新机制、新模式。

第七，北京在吸引和引进支持高精尖产业发展的海外战略科学家、关键技术人才和创新团队、卓越工程师、产业领军青年人才等方面，既存在整体吸引力不足的困境，也存在既有的机制体制性障碍并未得到有效解决的问题。北京打造全球有影响力的国际科技创新中心城市，必须成为全球原始创新的策源地、自主创新的主阵地、关键核心技术创新的突破地。然而，实地调研显示，北京在吸引和引进海外战略科学家、关键技术人才和创新团队、卓越工程师、产业领军青年人才等方面的效果很不理想。一方面，北京的二十条国际人才引进措施实施效果很差；另一方面，海外人才在北京本土企业水土不服问题尤为突出。因此，如何在全球构建"揭榜挂帅"人才的吸引和引进机制，如何鼓励全球顶级企业家和高端专业化人才来京工作和居住，如何强化国外人才对北京的制度和文化认同，是摆在北京打造全球产业人才高地目标面前必须解决的重大问题。

第八，北京在高端创新研发人才领域的个人税收优惠政策改革力度方面相对较为滞后，已经成为制约北京吸引国内外高端人才的重要因素。当前，深圳和上海等地已经充分利用国家赋予的先行先试政策以及自贸区先行改革政策，对特定领域的海外顶级人才实施了具有国际竞争力的个人税收优惠政策，相比而言，北京在这些方面的优惠政策力度就不具有优势。在此轮座谈和实地调研中，很对企业均反映了企业高端创新研发人才的个人所得税优惠政策改革相对滞后的问题。如何制定针对国内外科技创新高端人才的个税减免政策，如何实施全球竞争水平的高端人才个税减免政策，已经成为北京难以回避的紧迫改革问题。

第九，北京在尝试吸引和引进国内外研发整体团队策略方面尚未形成有效的政策举措，以及对高精尖产业发展急需的特定紧缺人才，并未形成从全球范围特别是新兴国家和发展中国家吸引非华裔顶级人才的政策举措。一方面，针对北京正在打造的处于全球前沿的高精尖产业而言，其尤为需要科技自立自强加以支撑，这就对产业领域的原始创新和基础研究提出了巨大需求。北京发展高精尖产业面临的原始创新和基础研究压力，迫切需要从全球吸引和引进从基础研究到应用研究再到中间试验研究，甚至到工程化产业化研究环节的整体研发团队。然而，北京在人才团队整体引进方面的综合政策仍然处于初步探索阶段。另一方面，针对北京发展以人工智能和数字化经济标杆城市为导向的高精尖产业而言，某些特定专业领域的紧缺人才（比如人工智能、计算机领域的算法专业人才），难以短期内通过国内人才供给统筹加以解决，必须放在全球视野内加以最终统筹解决，意味着需要从其他国家引进相关领域人才。从而要面对的重大问题是，如何给这些海外人才及其家庭合理地赋予中国的工作签证、家庭居住权以及中国国籍。

第十，在吸引和引进多层次产业人才方面，北京要充分发挥和运用好落户政策的优势条件，将之作为与上海、深圳等城市竞争引进产业人才的优势筹码。很多企业对此反映的重点问题是：（1）北京企业落户政策比较看重纳税规模门槛等这些约束性条件，而对企业的研发投入规模和研发投入强度，以及是否为关键核心技术创新突破领域等体现企业创新能力方面的重要条件没有充分重视，需要重新制定针对中小微创新型企业落户数量指标的各种门槛条件，以适应北京实施的打造全球有影响力的国际科技创新中心城市的发展战略需求。（2）海外归国人才企业落户指标较少，以及审批手续多、部门繁杂办理时间较长等。

第十一，北京在构建政府、科研和企业联合培养产业人才方面，迫切需要有重大的机制体制性改革突破。在此轮座谈和实地调研过程中，很多企业反映的重点问题是：（1）北京在打造战略科学家与企业的新型合作平台方面，缺少前瞻性、系统性的发展政策举措。（2）与各类外地高校（比较好的名校）成立联合培养博士机构（高端博士必须解决北京户口）的政策举措尚未构建。（3）企业和政府创办创新人才孵化基地的政策举措尚未形成。（4）职业专业教育培训体系尚不完善。比如，作为一般专业化人才的人工智能资格证书的培训和认证体系。（5）民营企业博士后科研工作站的人才稀缺问题。

　　第十二，北京企业的产业人才稳定问题。众多企业反映，北京企业普遍存在的共性问题是，年轻产业人才的流动性相对较高，企业年轻人才的稳定性相对较弱，导致企业的各方面工作均面临突出的人才不足和人才驻留问题。

二、重点改革突破口和具体政策建议

　　第一，尽快制定和出台《北京市"十四五"时期全球产业人才高地建设纲领和实施细则》。依据北京在"十四五"时期布局的"2441"导向的高精尖产业体系，科学制定与之相匹配的《北京市"十四五"时期全球产业人才高地建设纲领和实施细则》，并针对当前北京在打造"2441"导向的高精尖产业过程中暴露出的突出问题、关键问题、共性问题与基础问题，从战略层面提出针对性的改革突破思路，从策略层面制定有效的具体政策举措。

　　第二，在引进、培育和激励产业战略科技领军人才方面取得重大机制体制突破。针对国内战略科学家和科技创新核心人才，实施"一人一策"的引进政策，提供包括户籍、子女教育、住房、交通等系统性需求的"人才服务包"特定政策服务。尤其要鼓励产业战略科技领军人才以科研团队、产业化团队和产业链配套团队的整体引进方式，针对团队内不同类型、不同层次的人才，采取区别性、差异性、"打包"式的引进政策；全面取消对海外高端顶级战略科学家和科技创新核心人才及其家庭引进的各项限制，提供工作签证、家庭成员居住签证、家庭住房保障、医疗保健、交通条件、科研资金保障、科研团队等一条龙服务特色的引进政策包，尤其要制定鼓励海外战略科学家和科技创新核心人才牵头的创新研发团队的整体引进政策，创造特定产业领域的创新链整体引进新模式和政策服务包。

第三，在引进、培育和激励产业关键技术人才和创新团队方面取得全面突破。一是允许和鼓励企业从国外招聘和引进产业领军人才和急需紧缺人才，彻底打破非中国籍人才进入我国工作的各项限制，大胆放宽产业关键技术人才和创新团队、产业领军人才和急需紧缺人才加入中国国籍的条件，允许和鼓励非中国籍人才以家庭为单位在符合条件后加入中国国籍；二是放开北京工作的非中国籍人才在申请和承担国家重大科技专项、国家自然基金等方面的限制性条件；三是允许北京工作的非中国籍人才申请和承担关键核心技术创新领域的"揭榜挂帅"项目；四是允许国内外学者联合申请和承担国家重大科技专项、关键核心技术创新领域的"揭榜挂帅"等项目。

第四，在引进、培育和激励产业需要的卓越工程师方面取得重点突破。一是北京试点设立新型的卓越工程师等级制度，可以部分借鉴过去的"九级工"制度，依据级别制定不同的基础工资标准和退休工资标准，形成短期和长期有效结合的新型激励机制；二是设立卓越工程师的国家职业资格证书制度；三是允许卓越工程师申请申报国家正高职称。

第五，在引进、培育和激励产业领军青年人才方面取得显著突破。一是设立专门针对企业部门的国家级产业领军青年人才基金，鼓励企业领域的产业领军青年人才申报该项国家基金，通过该机制切实增加产业领军青年人才的科研经费、深造经费和生活经费来源。可以在北京展开试点工作。二是放开企业和高等院校、科研机构联合培养博士和硕士的限制，允许和鼓励博士和硕士通过联合培养且经过考核后获得国家级卓越工程师的资格证书。

第六，针对北京正在布局的以"2441"为导向的高精尖产业发展所需的各类产业领军人才和急需紧缺技能人才，实施导向型的人才个人所得税优惠政策体系。要适度提高针对各类产业领军人才和急需紧缺技能人才的个人所得税政策优惠力度，依据人才贡献实施差异性的个人所得税政策。

第七，充分利用北京在"两区"建设和中央赋予先行先试方面的突破性改革优势，基于北京打造全球有影响力的国际科技创新中心城市和科技自立自强主阵地的战略定位，赋予北京成为针对各类高端人才个人所得税减免政策的先行试验区。一是要探索和实施有差别的高端人才个人所得税减免政策。针对战略科学家，可以考虑设计相对较低税率水平甚至免税的个人所得税政策；针对关键核心技术人才和创新团队以及卓越工程师，可以考虑设计20％左右（与企业所得税水平相同）的个人所得税政策；针对青年科技人才，可以考虑设计10％～20％个人所得税政策。二是将个人所得税优惠政策，向实现我国科技自立自强和关键核心技术创新突破领域的各类人才倾斜，适当限制从事金融业领域和企业高管人员的个人所得税优惠政策，将个人所得税优惠政策设计成为支撑我国更快进入创新型国家前列的重要激励政策。三是适当将个人所得税政策向产业领军人才和急需紧缺人才、专业化程度较高的中高级技工、卓越工程师等人才领域延伸，激发人才对制造强国的支撑作用。四是取消内外有别的个人所得税优惠政策的设计思维，实施激励海外高端人才和国内高端人才的价值等同原则。五是针对北京高等院校和科研机构从事原始创新、基础研究以及关键核心技术创新领域的各类人才，设计同等水平的个人所得税优惠政策。

图书在版编目（CIP）数据

首都经济形势分析报告：主动应对超预期冲击的北京经济.2021/张杰著. -- 北京：中国人民大学出版社，2022.12
ISBN 978-7-300-31410-5

Ⅰ.①首… Ⅱ.①张… Ⅲ.①区域经济发展－研究报告－北京－2021 Ⅳ.①F127.1

中国版本图书馆 CIP 数据核字（2022）第 257919 号

首都经济形势分析报告
—— 主动应对超预期冲击的北京经济 2021

张 杰 著

Shoudu Jingji Xingshi Fenxi Baogao

出版发行	中国人民大学出版社				
社　　址	北京中关村大街 31 号		**邮政编码**	100080	
电　　话	010 - 62511242（总编室）		010 - 62511770（质管部）		
	010 - 82501766（邮购部）		010 - 62514148（门市部）		
	010 - 62515195（发行公司）		010 - 62515275（盗版举报）		
网　　址	http://www.crup.com.cn				
经　　销	新华书店				
印　　刷	北京昌联印刷有限公司				
开　　本	720 mm×1000 mm　1/16		**版　　次**	2022 年 12 月第 1 版	
印　　张	14.75 插页 1		**印　　次**	2022 年 12 月第 1 次印刷	
字　　数	158 000		**定　　价**	56.00 元	